人生が10倍面白くなる

図太く生きる勇気

川北義則
KAWAKITA Yoshinori

ロング新書

まえがき

図太い人間は、折れない心を持っている

「上司が気分を害してしまったのではないか」

「今日はすごく素っ気なかったけど、なにか怒っているのだろうか」

ちょっとした他人の言動、素振りをきっかけにいろいろな不安感情を抱いてしまう人が少なくない。だが、昨今、何かと使われる言葉の「忖度《そんたく》」ではないが、やたらと他人の気持ちを気にしていたらキリがない。

こんな「心理のあやとりゲーム」など実にくだらない。多くの場合、自分で思うほど、他人は自分のことなど見てもいないし、考えてもいないのだ。

「もっと図太く生きなさい」

私はそういいたい。

多くの人は「図太い」という言葉から「ずうずうしい」「鈍感」「無神経」というような否定的なイメージを抱くかもしれない。だが、それは違う。

実際、本当にただ無神経なだけでは、私のいう図太い生き方はできない。けっこう神経も使う。だが、感情的判断での言動は慎む。「泰然自若《たいぜんじじゃく》」とした姿勢を崩さない。悠々と生きていくこと。そのゆとりある風情が大切なのだ。

わかりやすくいえば、日常生活でも不平不満はできるだけ口にしない。いい出せばキリがないからだ。そして、できるだけ物事をプラス思考でとらえ、どんな場面でもそこに楽しみを見つけ出そうとする。つまり、自分のペースで人生をエンジョイする生き方である。

だから、人間関係にも気を使わない。あえて語弊を恐れずにいえば、気を使うより、気を使わせる。相手がたとえ年上であっても気を使いすぎるのは考えものだ。

そもそも相手を理解しようと思うからお互いの誤解は始まる。人間が人間を理解するなんて、所詮無理なこと。第一、自分自身だって自分のことがよくわかっていないのに、他人のことがわかるはずがない。

相手がよくわからないと同時に、「自分のことをよくわかってくれない」というのもおかしな話である。他人が自分をわからないのは当たり前のことで、それを期待するほうが間違っている。

相手を知りたい、自分も知ってもらいたい――これが、人間関係をよくするコツだと思うかもしれないが、それを期待するから報われないときにおかしくなる。とくに仕事の場面では、人間関係に感情を入れるべきではない。

以前人気を博したアメリカのあるテレビドラマで、主人公の敏腕クリエイティブ・ディレクターが部下に向かって、こういうシーンがあった。

「キミがどんな人間であるかは関係ない」

彼の叱責に対して、感情論で反論を試みる女性社員への上司の言葉である。仕事において、お互いの人間性がよくわからないなどと感情を持ち込むのは、愚の骨頂でもある。仕事とは、そういうものだ。

仕事の進め方や結果などで、異論を唱えたり、注文したりすると、「私はがんばっているのに……」とか「私という人間は……」などの前置きから反論を始める人間がいるが、そういう人間論は仕事の結果にまったく関係ないと心得たほうがいい。

もちろん、親しい人間関係を否定するつもりはない。だが、他人の顔色ばかりうかがって気を使い、人間関係がうまくいかないと悩んだり、落ち込んだりする必要はないのだ。相手が自分に気を使うのは勝手だが、相手に対して役に立たない気遣いをする必要などまったくない。そのことで孤立してもいいではないか。図太い人間は孤立を恐れないのだ。

文豪・森鷗外《もりおうがい》も「人間、孤立を恐れず、恬然《てんぜん》としていろ」といっている。「恬然」とは「静かで安らかなさま。何事にもこだわらない、のんびりとしたさま」という意味。これこそ、図太い人間の真骨頂ではないだろうか。

とはいっても現実には、図太く生きていても挫折を味わうこともある。そんなときは毛利元就《もうりもとなり》の「三本の矢」ではなくても、図太さ一本で折れないように対処していかなくてはならない。図太い人間に備わっているのは、どんなときでも折れない心である。

「めげない」「怯《ひる》まない」「諦《あきら》めない」「暗くならない」――心のなかに、これらの芯を持つことである。

もちろん、人間だから折れそうになるときもあるだろう。怯むときも出てくるだろう。だが、そんなときでも土俵際でグッとふんばって、また盛り返す。この「二枚腰」の強さが必要なのだ。

若い世代のなかには、どうもこの粘り腰に欠ける人が少なくないようだ。「ダメだ」と思ったら、すぐにポキリと折れてしまう。心がそんなに「か細く」ては、まともに社会を生き抜いていくことはむずかしくなる。

国内外で活躍し、北京パラリンピックで二つの金メダル、ロンドンパラリンピックでは三つの銀メダルに輝いた車椅子陸上アスリートの伊藤智也《いとうともや》さんは、どんなにつらくなったときでも、なにくそと盛り返して練習を続けてきたという。その伊藤さんが、こういっていた。

「せっかく障がい者になれたのだから、障がい者として人の心に残ることを成し遂げたい」

その生き方、その言葉には強い感動と尊敬の念を覚える。「せっかく障がい者になれたのだから」とは、なんとすごい言葉なのか。誰もが畏敬《いけい》の念を抱くに違いない。

この生き方こそ、究極の図太さではないだろうか。

「勝って驕《おご》らず、負けて僻《ひが》まず」

伊藤さんの座右の銘だという。

川北義則

目次

第2章 図太く生きれば、余裕が出る

第3章 図太い人間は、太く長く生きる

第4章　図太い人間は、戦い方がわかっている

第5章 図太い人間は、モテ方を知っている

第1章　図太い人間は、

何事にも潔い

「死ぬときゃ死ぬ」でいいじゃないか

「いま、面白いことはないか」を最優先

「私、何だか死なないような気がするの」

作家の宇野千代《うのちよ》さんは、生前、そんなことを話していたという。恋愛に対しても、仕事に対しても死ぬまでポジティブな姿勢で向かった宇野さん流の言葉である。

だが、人間は一〇〇％の確率で死を迎える。逆説的にいえば、人間の誕生は死への旅立ちでもある。

古今東西、不老長寿は、人間なら誰もが夢見るテーマだった。とくに強大な力と財力を持った一部の権力者は、何とか死を免れようとあらゆる手立てを講じた。秦《しん》の始《し》皇帝《こうてい》もしかり。だが、もちろん、それを果たした人間は一人もいない。

　かつてのルーマニアの独裁者チャウシェスク大統領夫妻も、不老長寿の研究に莫大な費用を使ったといわれている。国民の貧困をよそに、自分と家族だけの延命を本気で試みたのだ。だが、夢を実現するどころか、一九八九年の革命で民主的勢力によって公開銃殺という最期を遂げた。

　また、アメリカのアルコー延命財団という組織では、クローン技術が開発されたり、蘇生技術が発明されたりしたときに備えて、遺体を液体窒素によって超低温保存するビジネスを展開している。事実、「打撃の神様」の異名を取ったメジャーリーグの伝説的名選手テッド・ウィリアムズの遺体は冷凍保存されているという。

　死生観については、人それぞれ。不老長寿の秘策を追求したり、莫大な費用をかけて二度目の人生を待望したり、それは各人の自由だ。だが、私の考え方はいたって単純である。

「死ぬときゃ死ぬ。死んだら、灰になっておしまい」

　だから、葬式はどうしろとか、誰と誰を呼んでくれなどと事細かに遺言をしたためる気など、さらさらない。子どもに財産を残そうとも思っていない。生きているうちに、やりたいことをやる。そのためにはお金も使う。それだけだ。遺体の冷凍保存など考えるだけでもご免である。

「死んだら、どうなるんですかねえ。死後の世界はあるんでしょうか？」

　ふだん、私のオフィスを訪れてはムダ話をしていく外車ディーラーの営業マンが、珍しく真面目な顔で聞いてきた。もうクルマを買い替えるつもりはないが、ヒマになると遊びに来ては、ときに原稿に役立つ面白い話をしてくれる男だ。話術に長《た》けているためか、たまにしてくれる変わったお客の話は実に面白い。だが、その日は珍しく真剣だった。

「死後の世界なんてないと思うよ。〝人間、死んだらゴミになる〟といった人がいたが、その通りだとも思う。それよりも、いま、何か面白いことがないかって考えたほうが楽しいね。考えても仕方がないことに頭は使いたくない。体にも悪い。あなたもそんなことを考えるヒマがあったら、どうやってもう一台クルマを売るかを考えたほうがいい」

　そういい返すと、一瞬、憮然《ぶぜん》としていたが、すぐに気を取り直して納得した顔になった。

「そうですね。生きている〝いま〟が、先決ですね」

死生観は育った環境、信仰する宗教や風習、あるいはその人の知識や教養などによって違ってくる。「輪廻《りんね》」によって何度も生まれ変われるという考え方もあれば、生前の行いによって審判を受け、永遠の生命を授けられる者と地獄へ落ちる者に選別されるという考え方もある。

・人は死んだらどうなるのだろうか？

・どこへ行くのだろうか？

死生観のいずれも、これが出発点のようだ。だが、率直にいって私にはわからない。私の知るかぎり、死後の世界から戻ってきて、話をしてくれた人はいないし、死後の世界があるにしても、どんなところかを知る手がかりもない。考えても明確な答えが見つからないとわかっていることに、時間を費やしたくはない。

最大のテーマは「生きているうちに何をするか」

そんなことを考える自分は罰あたりなのかと思っていたが、そうでもないことを実感する機会にめぐり合えた。

以前、東京のホテルオークラで開催された「ダライ・ラマ法王と科学者の対話」がそれだ。筑波大学名誉教授だった村上和雄《むらかみかずお》先生の紹介で、私も聴きに行った。このディスカッションは題名が示す通り、チベット仏教の最高指導者ダライ・ラマ法王と日本の科学者たちとの約一時間半にわたる対話だった。

ダライ・ラマ法王は、中国を追われて北インドのダラムサラにチベット亡命政府を樹立した僧であり、法王である。法王は、宗教と科学の融和という遠大なテーマに強い関心を持っており、日本ばかりか海外でも何度か同様のテーマについて語っているという。

会の終盤、ジャーナリストの司会者から「人は死んだら、どこへ行くのでしょうか」――法王にそんな問いが投げかけられた。私も注目して聴いていた。

「天国に行くとか、地獄に落ちるとか、いろいろ説はありますが、私には興味がありません。私は、生きている間に何をするかだけを考えています」

英語の通訳を介してのことだが、そんな意味の答えが返ってきた。高らかな笑い声と柔和な表情だった。

正直なところ、チベット仏教の最高指導者の言葉としては、実に意外な答えであった。同時に、もっとも宗教と密接な存在である法王の言葉に、私は勇気づけられた思いだった。「人は生きている間がすべてだ」――。

私自身は、とくに信仰する宗教は持たない。しかし、多くの日本人がそうであるように代々檀家《だんか》として仏教とのかかわりはあるだろう。親族の法事には参加するし、寺に参れば手を合わせる。神社にも参拝する。一方でクリスマスになれば、それなりに楽しむ。

はっきりいって、日本人のほとんどは宗教にそれほど思い入れはない。だが、外国へ行くと、たいていの国が宗教と深くかかわっていることを感じる。いま、国家間で起こっている戦いは、その大部分が宗教戦争だ。それも、主にキリスト教とイスラム教の戦いである。

　そんな宗教への深い思い入れは、外国へのツアー旅行に参加した場合、ほとんどの観光場所が教会であったり、モスクであったりするのを体験すればわかるはず。宗教に縁の薄い日本人の一人として、数多いこんな見学場所は、いささか辟易《へきえき》する。ただ、人知の及ばない世界を扱う宗教に対して、畏敬の念だけは持っていたいものだ。

　宗教に対する思いは、人それぞれ。私は社会的な問題を起こさなければ、他人の信仰は尊重する。

　だが、間違いなくいえることは、私自身、「生きているうちに何をするか」を最大のテーマにして生きていきたいと思う。天国に行くのか、地獄に落ちるのかを、いま心配しても答えなど見つからない。見つからないものに頭を使いたくはない。

あなたは正しく「謙《へりくだ》れる」か

「長幼《ちょうよう》の序《じょ》」を忘れない

大手メーカーや商社、あるいは広告代理店などは、社内に何となく体育会的な空気が流れているように感じられる。実際、甲子園や大学リーグで活躍した野球選手が、そんな企業に入社したりもするらしい。

体育会系の運動部で鍛えられた人間は、先輩後輩の上下関係をきっちり守り、不平不満もいわずにハードな仕事もこなす体質である。乱暴ないい方だが、組織では使いやすい従順な人材とされるのかもしれない。

もっともビジネスは運動とは違うから、従順で体力があるだけでは、仕事がデキるとはかぎらない。運動部出身ということで「別枠」で入社して、トップまで上り詰める人間ももちろんいるが、体力や性格は申し分ないのだが、思わず「うーん」と首を傾《かし》げてしまうような人間もいるそうだ。これは、大手広告代理店に勤める知人の話。

以前、そんな体育会系風土が根強い、ある大会社の人間とゴルフをしたことがある。メンバー四人のうち一人は私の親しい知人だが、残りの二人はその上司と部下。ところが、この二人の関係が微妙なのだ。なぜ微妙かといえば、上司と部下の年齢。同じ大学出身なのだが、部長氏が課長氏の三歳年下なのである。

何回かその会社を訪れたことがあるが、先輩は後輩を、上司は部下を呼び捨てにする。そういう慣習が根強く残っている会社である。年齢は関係ない。わずかにいる女性社員も例外ではない。もちろん、ゴルフをともにした部長氏も、大学の先輩で三歳年上の課長を呼び捨てにしていた。課長氏は「部長」と役職で呼ぶ。

この慣習に、私はなかなか慣れない。つきあいが多い出版社などでは、「さんづけ」「君づけ」が一般的。役職で呼ぶ会社は少ない。社長でさえ「さんづけ」の会社も多い。大会社の当人同士の間では当然のことなのかもしれないが、部外者である私にとっては、上司はただ威張り、部下は絶対服従という関係にしか見えなかった。ひと言でいえば「イヤな感じ」である。

さて、当日のゴルフ。私は正直なところ、一日「イヤな感じ」でプレーをするのかと気が重かった。だが、それは杞憂《きゆう》だった。

なぜならこの二人、仕事を離れたグリーン上では、立場が完全に逆転していたからだ。部長氏は課長氏を「さんづけ」で呼び、課長氏は部長氏を「呼び捨て」にしているのである。私も知人も自分の耳を疑った。そして、こう理解した。「われわれの知らないところで突然の人事異動があり、主従逆転したのかもしれない」と。だが、それは現実的な話ではない。解せない思いを胸に、私たちはプレーを続けた。

ハーフが終わってのランチのときに、私と知人の怪訝《けげん》な心中を察してか、後輩部長が口火を切った。

「私たち、ちょっとおかしいでしょう？　いつも、こうなんです。会社は会社、プライベートはプライベート。僕だって、会社で先輩を呼び捨てにして気持ちいいわけがない。先輩だってそうですよ。でも、会社の慣習ですから、それには従うしかありません。いつもすみませんね、先輩」

その謎解きに、先輩課長はにこやかな表情でうなずいている。

「私は、会社での鬱憤《うっぷん》をゴルフで晴らしているんですよ」

そういって笑う、こんな二人のつきあい方に、私は清々しい気分になった。ともに器の大きい人間である。その会社独自の「長幼の序」と、一人の人間としてのそれを見事に使い分けている。

最近は、長幼の序という誇るべきモラルが失われつつある。その一つが敬語である。敬語という日本独特の文化が、昨今ひどくないがしろにされている。

芸風なのか、本当のバカなのか、テレビで自分の祖母ほど年の離れたベテラン女優を相手に、いわゆる「タメ口」をきくタレントもいる。それをたしなめるどころか、視聴者も面白がっているのだろうか。あるいは、誰に対しても敬語を使わないボクサー親子もいた。面白ければ、あるいは強ければ何でもいいのか。周囲の人間もどうかしている。

愚かな虚勢を張らない

芸能界にせよ、スポーツ界にせよ、もともと先輩後輩関係のマナーには、もっともうるさい世界ではなかったか。敬語ももちろんそうだが、それを含めた日本、および日本人のモラルの根底にある長幼の序をわきまえない人間が多くなっているのは、嘆かわしいかぎりである。

これは親子関係でもいえることだ。

「うちの親子は、まるで友だちみたいなんですよ」などと、誇らしげにいう父親がいる。バカかといいたい。親子の仲がいいのは喜ばしいことだが、仲がいいことと親子の立場の違いはまったく別である。親と子は絶対に友だちの間柄ではない。親には親の友だちがいて、子も長ずれば友だちができる。それが普通。

「親子は友だち」と平気で口にする人間が、いわゆるモンスターペアレントになるのではないか。「先輩と後輩のルールやマナーとか、敬語なんて長幼の序は、学校で教えてくださいよ」と真顔でいう親なのだろう。家庭教育と学校教育の違いもわからないバカ親たちである。

愚かな子どもの故郷は、間違いなく「愚かな親のいる家庭」である。とりわけ目上の者への対応などのしつけは、生まれたときから、ときに叱ってでも親が教え込まなければならないはずだ。仲がいいだけでは、すまされない。

長幼の序とは、孟子《もうし》が教えた儒教における五つの道徳「五倫《ごりん》」の一つ。五倫とは、父と子の情愛を説く「父子の親」、君主と臣下の慈愛を説く「君臣の義」、夫婦それぞれの役割を説く「夫婦の別」、友の信頼を説く「朋友の信」、そして年少者の年長者への敬意を説く「長幼の序」の五つである。

当時アサヒグループホールディングス相談役だった福地茂雄《ふくちしげお》さんは、テレビの国会中継で、親ほども年の離れた首相に対して、長幼の序をわきまえない言葉を弄《ろう》する若手議員の態度に不快感を示しながら、こんなことを述べていた。

「……威勢のいい言葉を発して詰め寄ることで喝采《かっさい》を博するとでも思っているのか、この議員はどこか誇らしげでもあった。〈中略〉国の行く末を左右する議論については、丁々発止のやり取りがあっていいだろう。しかし、年長者への言葉遣いや態度などについては、礼節をわきまえることが、選良、つまり国民の範たる国会議員の役割の一つでもあるということを自覚すべきではないか」（産経新聞二〇一二年一〇月一七日）

私自身、何でもかんでも年少者が年長者に従わなければならない、とは思わない。しかし、かりに対立することがあっても、守らなければならないルールとマナーがある。もちろん、孟子は一方的に年少者が謙《へりくだ》るべきだとは説いていない。年長者に対しては、年少者への慈しみがなければならないとも説いている。

わが身の不躾《ぶしつけ》は顧みず、ただ一方的に長幼の序を主張する年長者はみっともないが、世代を超えて、日本の美徳としての長幼の序は廃《すた》れさせてはいけない。

図太い人間は、愚かな虚勢は張らない。「正しい謙り」を自然に身につけている。

必要ないものを冷酷に犠牲にする器量

最優先課題を見誤らない

「大事の前の小事」――このことわざは二つの意味で使われる。

一つは、大きなことを成功させようと思うなら小さなことは犠牲にしなくてはならないという意味。

二つ目はまったく逆で、小さなことを軽視すると大きなことはできないという意味。

どちらが正しいかではなく、どちらも物事の本質をとらえている。

いい意味での図太さを備えている人間は、そのときの状況に応じてこれを使い分ける。とくに「いま何が最優先か」という選択を迫られたとき、小さなことは犠牲にして速やかに切り捨てる瞬発力を持っている。

こういう瞬発力は、仕事においては重要だ。

仕事のできない人間は、そのときどきの大事の選び方と小事の選び方がつねに逆だ。小事に留意しなければならないときに、大事に目を奪われ、大事に立ち向かうべきときに小事に逃げ込む。

あなたのまわりに、そんな人間はいないだろうか。

たとえていえば、大事故で内臓に致命的な損傷を受けている患者を前にして、その患者の骨折して曲がった足を気にする医者のようなものだ。そんなとき図太い名医は、内臓以外は目に入らない。

私の親しい知人で、まさにそんな名医に命を救ってもらった人間がいる。

彼のアゴには傷がある。面積でいえば一〇円玉くらいだろうか。ちょっとだけ、へこんでいる。その部分だけは、いまでも髭《ひげ》は生えていない。

「ジャン＝ポール・ベルモンドみたいでしょ」

くぼんだアゴに特徴のある往年のフランス人男優を引き合いにして、本人はそういって笑う。傷は、彼が二〇年ほど前にある大学病院の脳外科で頸椎《けいつい》の腫瘍《しゅよう》の除去手術を受けたときのものである。

「どうでもいいこと」を切り捨てられるか

「なぜ、頸椎の手術でアゴに傷が残るのか」

誰でもそう思うだろう。私も同じように思った。そこで理由を彼に尋ねてみた。

「日本でもトップクラスの脳外科医の先生の執刀で、手術は成功したんですが、僕のアゴは専門分野ではなかったようで、残った傷は勲章みたいなもの。命を救ってくれた先生に文句はいえません」

当の本人は、納得顔であっけらかんと笑う。

彼が受けた頸椎の手術は、首の後ろ側を約三〇センチほど切開して行う。患者は下向きの姿勢でベッドにきつく固定されている。その姿勢だとアゴが強い圧迫を受けるから、ある程度柔らかなガーゼなどでアゴに保護処置を施す。

だが、彼の場合、想定した病状とは違い、切開してみると腫瘍除去に予想以上の時間を要する状態だった。予定の六時間では到底終わらず、なんと一六時間もかかってしまった。結果、長時間の圧迫によってアゴの皮膚が大きく破れ、傷として残ったというのだ。

何といっても頸椎には、呼吸、手足の動きなどを司《つかさど》る神経が密集している。手術は、顕微鏡で拡大した画像モニターを見ながらである。非常にデリケートな手術だから、わずかなミスが手足の麻痺《まひ》などに直結する。一ミリのミスが致命傷にもなる。

腫瘍自体は良性なのだが、放っておくとその腫瘍が呼吸中枢を圧迫し、ある日突然、呼吸ができなくなって突然死を招く可能性が高いのだそうだ。手術は成功し、彼は無事、生還したが、アゴの傷は残ってしまったのである。

「でも、脳外科医というのはすごいですね。芸術家のような繊細な神経で病巣を観察し、指先はミリ単位の正確さが求められる。彼らにとって、患者の命を救うこと、麻痺を残さないことが何よりも大事。アゴの傷なんて取るに足りないことなんですよ」

術後、チタンで補強した頸椎を安定させるために枕も使えず、頭部ばかりか全身を固定され、彼は四日間もベッドに横たわり、身動き一つできなかった。そのつらさは「錯乱一歩手前」だったそうである。

四日後、彼はアゴの傷について、執刀の医師に尋ねた。

「ああ、それね、ちょっとケアが甘かったかな。ゴメン、ゴメン」

医師は、まるで意に介さない様子。彼いわく「まるで蚊に刺された程度」のリアクションだったという。だが、一六時間にも及ぶ手術への集中のためか、翌日になっても医師の目は赤くなっていたという。

傷が残っても命を選ぶか、命を落としても傷のない顔を選ぶか。答えは決まっている。

本来、この手術でのアゴのケアは、手術室のナースの仕事だが、もし医師が頸椎ではなくアゴに気を取られていたら、手術を終えた彼に残されたのは死に顔だったかもしれない。

図太い人間は臨機応変に、瞬間的に「大事の前の小事」を使いこなす。それも「小さなことは犠牲にする」の意味のほうだ。この医師の大事に臨む姿勢、小事を放棄するおおらかさは典型例だろう。

人生には、どうでもいいことを冷酷に犠牲にしなければならないこともある。

悩みすぎるバカになっていないか

考えてもムダなことがある

以前、ちょっとユニークな本を見つけたことがある。『考えない人』（新潮社）だ。

この本は、同じ出版社から刊行されている季刊文芸雑誌『考える人』に連載されたエッセイを中心にまとめられたもので、書名がいい。考えない人を揶揄《やゆ》する内容かと思いきや、なんと考えない人を評価しているのである。その内容も笑えた。

著者の宮沢章夫《みやざわあきお》さんは、美大を中退後、パフォーマンス集団で活動したり映画をつくったり、放送関係で仕事をしたりした後、仕事を辞めてマダガスカルに長期滞在するなど、ちょっと変わったキャリアの持ち主だった。

帰国後、戯曲や小説などを執筆し、戯曲『ヒネミ』では岸田國士《きしだくにお》戯曲賞を受賞した異才で、小説家としても、芥川賞候補作を書いていた。

「考えない。

そうだ。考えたってろくなことはないのだ。考えるなんて無駄である。人生の展望。将来の生活設計。老後の見通し。考えるな。考えたところで、それほど大差はないのであって、考えたからって、ビル・ゲイツの住むような豪邸に住めるかといったらそんなことはないし、〈中略〉気がついたらそうなっていたにちがいない」

『考えない人』は、こんな文章に象徴されるように、全編が軽妙だが、見ようによっては何とも無責任な筆致で書かれている。だが、読後感は悪くない。読み終えて「何となくその通りだ」と思えてくる。

とかく人間は考えすぎることが多い。だが、やたらと考えるということが、正しい選択をもたらすかといえば必ずしもそうではない。考えることをやめて、感じるままに行動してみたり、いっそのこと、ふてくされて寝てしまったほうがいいケースも多分にある。

たとえば人間関係のトラブル。悩んでいろいろ考えても、これればかりは相手があることだから、妙案などそうそう見つからない。そんなときは考えることをやめるにかぎる。これは一種の開き直りだが、この姿勢は悪いことではない。私もときどき開き直る。

自分の選択では制御できないことに、思い悩んでも仕方がないのである。

スピーディに開き直れるか

世の中には、「上司が反対したらどうしよう」「デートに誘って断られたらどうしよう」などと、考えても仕方のないことに頭を悩ます人がいる。相手があることだから、自分だけで考えても意味はないのだ。パスカルではないが、人間は生まれついて考える存在だから考えるなとはいわないが、考えすぎはまったくのムダ。

私自身は、万事において楽天的ではあるが、それでも悩むことがないわけではない。だが、どんな難問でもダラダラとは考えない。「わからないものはわからない」「結論の出ないものは出ない」と早めの期限を設けて、腹をくくる。そして、いざとなれば「さあ、殺せ！」と大の字になるタイプである。

とくに人間関係のトラブルについては、あまり深刻に考えない。こちらの真意が伝わらないのであれば仕方がないし、かりにこちらに落ち度があったとして、誠意を尽くして謝罪しても理解されないのであれば、それはそれで仕方がない。

そもそも、人間同士が完璧に理解し合えるなどとは思っていないのだ。ムダな悩みは人生の貴重な時間を浪費するだけである。人間関係はときに誤解し合う程度に理解できればいいと思っている。

とにかく人間関係にしろ何にしろ、時間の浪費にすぎない悩み方をする人間には、大きな過ちがある。ズバリ「悩みの設問」が間違っているのである。

天気を例にとろう。

悩み浪費型の人間は「明日、雨が降ったらどうしよう」と悩む。悩み短縮型の人間は「明日、傘を持っていったほうがいいか、持たなくてもいいか」と悩む。どちらの設問が答えを早く出せるかは、誰にでもわかるだろう。

先に挙げた「上司が反対したらどうしよう」「デートに誘って断られたらどうしよう」なども、「上司が反対したら、反論するか従うか」「デートの誘いを断られたら、諦めるか再チャレンジするか」という設問に切り替えて自分自身に突きつければいいだけの話ではないか。

明日の天気ももちろんだが、他人の気持ちなどは、魔法使いではあるまいし、自分の選択では制御不能のことである。そういう悩みに関しては、選択肢をなるべく具体的に簡潔に考えて、後は野となれ山となれでいい。ある意味、積極的な開き直りをすればいいのである。悩みすぎるバカになってはいけない。

そして仕事でも、早めに開き直る図太さを身につけておきたいものだ。「下手の考え休むに似たり」の言葉通り、制御不能の問題で悩むなら、寝てしまったほうがいい。「他人に関する思いで、君の余生を消耗してしまうな」

第一六代ローマ皇帝マルクス・アウレリウスの『自省録』の一節である。他人のことについては「(あまり)考えない人」であることが賢明である。

頭でっかちでも、軽率でもない

自己責任を受け入れる覚悟があるか

本書では、図太い生き方をすすめている。「図太い」などというと、人によっては「鈍牛」のようなイメージを想像するかもしれない。もちろん風貌のことではない。

もっとも鈍牛が悪いといっているのではないが、鈍牛という言葉は、二つの意味で使われる。

一つ目は、あまりいい意味ではない。「動きが鈍い」「慎重すぎて決断力がない」「反応が鈍い」「いつも態度が曖昧《あいまい》」などだ。

一方、いい意味では「性格が穏やか」「落ち着きがある」「きちんと物事をやり遂げる」「ここぞというときには力を発揮する」といったタイプの人間の形容に使われる。

私が推奨するのは後者である。こちらの意味なら、図太さと同義といえるだろう。

かつて、任期途中で死去した大平正芳《おおひらまさよし》元首相は「鈍牛」というニックネームで呼ばれることもあった。「あー、うー」の総理大臣である。

志半ばでの死去だったが、いまの政治家に比べれば、器の大きい政治家だった。ただ、見た目というか、イメージ的にシャープさに欠けていたようにも思う。ゆえに鈍牛であったのかもしれない。

だが、大平正芳は官僚出身の知性も緻密《ちみつ》さも、政治家としての決断力も兼ね備えていたと思う。バランスの取れている総理だった。叩き上げの田中角栄《たなかかくえい》、エリート官僚出身の福田赳夫《ふくだたけお》の両氏と渡り合った人物である。

ともあれ、私がいう図太さとは、図々しいとか、ガサツとか鈍感とは異なるもの。物事の評価、判断、そして行動において、想定されるリスクやマイナスの結果をいたずらに恐れない、どっしりとした気概のことをいっている。

図太い人間とは、すべての結果を自己責任として受け入れ、役にも立たない後悔や恨みつらみを封印する生き方ができる人間のことである。

「鈍い人」であってはいけない

だからといって、決して思考力や繊細さが欠落した生き方ではない。論理的思考と、ガサツさを排除したデリカシーを持ちつつも、いざというときの決断力を備えた人間のことだ。ひと言でいえば、頭脳と行動のバランスが取れた人間である。

世の中には、「頭がいい」と称されて、情報収集や分析力には優れていても、リスクへの慎重さが邪魔をして、なかなか行動に移せない人間がいる。「これもあります」「あれもあります」「でも、これを選ぶとこういう危険、あれを選ぶとああいう危険」と淀《よど》みなく分析するが、そこから何か一つを選択することができない。たしかに、いうことには整合性があるが、優柔不断なのだ。

つまりはプロセスの正確さを求め、成果を二の次、三の次にする人間である。これは、図太い人間の対極にいるタイプといっていいだろう。

本当に図太い人間は、ふだんは鈍重さを見せながらも、タイミングを計って鋭い踏み切りができる機敏さを備えているのである。

作家・関厚夫《せきあつお》氏が新聞で連載していたときの小説『紅と白　高杉晋作伝《たかすぎしんさく》』の中に、こんなくだりがあった。

幕末の志士として有名な長州藩の高杉晋作が、師である吉田松陰《よしだしょういん》からの紹介状を手に、松陰の師にあたる佐久間象山《さくましょうざん》に対面するシーンである。

「……。象山は一瞬、さすような目で晋作をみた。

『学問をするにも、政《まつりごと》（政治）をするにも、敏（機敏）の一字であれ。学問に一生をささげながらも、その内容が空疎なために役立たずであったり、つねに官職についていながら、前例を追うばかりでなんの功績もなかったりするものがいる。これらはみな、敏ではないから時間をむだにしているのだ』」（産経新聞二〇一二年一二月二日）

小説だから、実際、象山がそうした人間観を持っていたとはいい切れないが、ダメな人間の本質をとらえていることは間違いない。

象山は江戸末期の洋学の第一人者だった。松陰をはじめ、勝海舟《かつかいしゅう》、坂本龍馬《さかもとりょうま》、河井継之助《かわいつぐのすけ》ら、後に日本の進路に影響を与えた多くの人物が彼の門をくぐった。しかし、公武合体論者、開国論者であったために、反対勢力に暗殺された。

兵学にも長けていた象山は、江戸で大砲の練習を行ったことがある。その際、砲身が爆発して大失敗に終わる。見物人からは大笑いされた。だが、象山は「失敗するから成功がある」と平然としていたという。知識人ではあったが、偏差値だけの人間ではなかったのだ。

引用した関厚夫氏の小説には、さらに続きがある。学問の知識ばかりで機敏さのない人間ではいけないということを、高杉晋作に説いた後、

「『……ただ、高杉どの……』、象山はここで少し間をおき、続けた。『そなたは逆だな。敏がすぎて少々学問のほうが足らぬようにみえるの』」

いい図太さを持った人間とは、鈍重とは無縁で、頭でっかちでも、軽率な行動をするわけでもない。大切なのはバランスなのである。

デキる人間は「できない理由」が見えない

決断は速《すみ》やかに

「お金が貯まれば結婚する」「親が許してくれればアメリカに留学する」「もう少し仕事がヒマになったら、海外旅行をする」――。誰でも人生において何かの目標を立て、その実現のために努力する。何の目標も持たずに漫然《まんぜん》と日々を送る人に比べたら、それ自体は評価するべきかもしれない。

だが、悲しいかな、人の「タラレバ」は多くの場合、実現せずに終わってしまうことが多い。「絵に描いた餅」で終わってしまえば、「絵さえ描かなかった人」と何ら変わりがない。

それどころか、「タラレバ」の願望をまわりに吹聴《ふいちょう》してしまえば、実現できなかったことへの落胆、そんな自分への嫌悪感が後悔として残る。まわりからも「あいつのタラレバは」とあきれられる。

「タラレバ」と同じようなものに、「イッカ」がある。「イッカ、ドストエフスキーの長編を読む」とか「イッカ、アフリカの南端まで行ってみたい」などのイッカは、まず実現しない。やるなら、イッカではなく「イマ」やらなければ実現しないのだ。

私などは、タラレバの後についてくる願望は実現不能と同義語だと思っているから、まわりの人間に公言することはない。同様に他人のタラレバについても、一応、耳は傾けるが、冷たいようでも、どうせできないだろうと真剣には取り合わないようにしている。

まわりの人間を見渡せばわかると思うが、大きな夢を実現させたり、ドラスティックな転身を果たしたり、思い切った選択で成功を勝ち取る人間は、何の前触れもなく、突然それらをやり遂げてしまうのだ。

タラレバ好きのタイプは、前ふりばかりで、本題にはほとんど入っていかない。逆にデキる人間は、決断のときには驚くほど寡黙《かもく》だ。いつ決断したのかわからないほどである。

「やるときゃやる」の姿勢を忘れるな

たとえば日常生活でも、「来年になったらタバコをやめる」「六〇歳になったら酒を控える」などと公言する人で、それをやり遂げた人を見たことがない。逆に、誰もがあきれるほどのヘビースモーカー、大酒飲みであっても、あっさりとタバコや酒をやめてしまうタイプもいる。そういう人は、よく観察してみると前段がない。

「あれ、いつやめたの？」

変化に気づいて尋ねると、笑ってうなずくだけ。タバコや酒をやめたからといって、それほどつらそうでもないし、タバコを吸う人、酒を飲む人をうらやむ素振りも見せない。

私の知人にも、あっさりとタバコをやめてしまった人間がいる。週刊誌や夕刊紙などに記事を書いているフリーライターだ。若いころは五〇本入りの缶ピースをいつも携え、その後もショートピースを一日に三〇本から四〇本吸っていた。

缶ピースはフィルターなしの両切りタバコだ。私も愛飲していたことがあるからよくわかるが、缶のフタを開けると、ちょっと甘い匂いがする。タバコを吸わない人はご存じないだろうが、缶ピースはいま売られているタバコのなかでもニコチン、タールの量は横綱クラスである。

彼はつねづね「オレは死ぬまでタバコはやめない」と豪語していた。最近、久しぶりに会ったのだが、タバコをやめてもう二年になるという。体でも壊したのかと思い、禁煙のわけを聞いてみた。

「ある医者の取材がきっかけで、やめたんです」

さぞかし、その医者から喫煙の害について脅かされてやめたのだろうと思った。だが、そうではなかった。

「その医者はまったく逆のことをいったんです。タバコは無理してやめなくていい。やめなくてはいけないと考えるストレスのほうが体に悪い……」

そこまではよかったのだが、医者の最後の言葉が彼の闘争心に火をつけた。

「それに、あなたのような人は、人にいわれたってやめられないでしょう」

彼の言葉を借りれば、そのときの医者の表情には、「憐《あわ》れみと蔑《さげす》みが浮かんでいた」というのである。そのとき彼は、意志の弱い、愚かな人間の烙印《らくいん》を押されたような気がした。その瞬間、彼は禁煙を断行したのである。そのときから一本も吸っていないという。

「タバコを吸うことで得られる快楽と、禁煙して医者を見返す痛快さを秤《はかり》にかけたら、僕にとっては痛快さのほうが重たかった。だから、やめたんです。ほかに理由はありません」

まさに、前ふりなしの決断と実行である。

「視野《しや》狭窄《きょうさく》」は悪いことばかりではない

私の経験からいうと、仕事であれプライベートであれ、何事かを成し遂げる人間は、行動に際して余計な能書きや弁解がない。ひと言でいえば「四の五のいわない」タイプだ。当然、タラレバもない。

とかく、人間は何かにチャレンジするとき、それで得られるものより、チャレンジ以前の苦労に目がいってしまう。成功の結果をイメージするのではなく、成功までのつらいプロセスを考えてしまう。これでは、チャレンジはできない。

本来、障害や困難が伴わないチャレンジなどない。あったとしても、そんなものは、もともとチャレンジする価値のないものである。

もちろん、何でもプロセスを無視しろといっているわけではない。命をかけた冒険に始まって、就職、転職、恋愛、結婚、ありとあらゆる人間の選択やチャレンジには、ある程度プロセスの検討は必要である。だが、否定的材料を積み上げるだけのプロセス重視は、それこそ障害になるだけ。「できない理由」など、ほどほどでいいのだ。

こんなとき、図太い人間はすばやく、いい意味で「視野狭窄」の状態になれる。タラレバやイツカという都合のいい逃げ道も目に入らないし、都合の悪い状況も見えなくなる。ただ、チャレンジを成功させる自分の姿だけが見えている。

「船というのは、荷物をたくさん積んでいないと、不安定でうまく進めない。同じように人生も、心配や苦痛、苦労を背負っているほうがうまく進める」

心配や苦労があって当たり前と考える。実存主義の先駆者ともいわれる一九世紀ドイツの哲学者アルトゥル・ショウペンハウエルの言葉だ。

何事かを成し遂げる人間には、他人が障害や負荷と感じるものでさえ、味方やチャンスと思う図太さを備えている。「ようし、やってやろうじゃないか」という気概があるのだ。先の禁煙に成功した彼もそのクチだろう。

「もっとも、そんな私の性格を見抜いて『あなたはやめられないでしょう』といったのだとしたら、あの医者は名医ってことですかね」

図太さでは、その医者のほうが一枚上だったのかもしれない。

私自身も、何十年ものヘビースモーカーだったが、風邪を引いたときに咳《せき》と痰《たん》が止まらなくなって、ある日を境にスパッとやめてしまった。何かのきっかけと思い切りのよさが大切なのだ。

「人生は二度生きられない」の覚悟

過去の失敗と折り合いをつける

すんでしまったことを、くどくどと何回もいう人間が嫌いである。つねづね述べているることだが、私は「腹でものを考える」ということができない。気に入らないことはズバズバ口にするが、根に持つタイプではない。生まれは大阪だが、育ったのは東京の下町。「粋」でないことは恥ずかしいとされる土壌である。そのせいかもしれない。

この私の「ズバズバ流」が嫌いな人、その真意がわからない人は、私との関係を断つかもしれない。それはそれで仕方がない。追いかけていってまで説明するほど、私はヒマではない。

私自身、誰かのせいでひどい目にあったことも何度かあるが、きちんと謝罪されれば、つきあいは再開する。

ところが、私とその人間の過去のいきさつを知っている第三者が折に触れて「そういえば、あの人は……」などと始めると、私は怒る。「あなたには関係ないだろう」である。迷惑をこうむったにしても「手打ち」のすんだ人間のことをとやかくいってほしくない。それをご注進に及ぶ人間のほうがイヤである。

こういう他人の過去の不快な出来事を執拗《しつよう》に覚えている人間は、当然のことながら自分の過去とも「折り合いのついていない」人間だろう。そういう人生の日々は楽しくないと思う。精神面でも健康面でも、いい影響はない。

「あのとき部長が裏切ったから」「相手の担当者がミスしたから」などと仕事がらみのマイナスの出来事を鮮明に覚えていて、何度も口にする。「あのときホテルに誘っていれば」「○○が横恋慕しなければ」など、過去のプライベートな失敗に関してもすぐに恨み節が出る。

「女々しい」などというと、女性の反発を招きそうだが、「諦めが悪くて、恨みがましい」という意味で、あえていえば「女々しい」人間である。「女々しい」といっても、女性を差別する意図は毛頭ない。私は歴史に培われた日本語の一般的形容詞として使っているだけだ。

「ゴールデンボンバー」というエアバンドにも『女々しくて』という大ヒット曲がある。自分のもとを去っていった女性を諦めきれない自分を、自嘲的に歌った曲だ。

それはさておき、とにかく過去のことを辛気《しんき》くさい顔でグダグダいう男は「女々しい」の一語に尽きるのではないか。
・人生は二度生きられない
・してしまったことは、しなかったことにはできない
・しなかったことを、したことにはできない
そういう人間は、この割り切りがわかっていない。持ち前の図太さで人生を楽しく生きている人間は、このことをわきまえている。

過去を嘆いて、何になる

私の知人が、そんなタイプだ。彼は中小企業に勤めており、実績も着々と上げ、将

来の役員候補と目されていた。年収も五三歳で一五〇〇万円近くもあった。会社の居心地も申し分なかったのだが、一人の役員とだけ折り合いが悪かった。

その役員は、世渡りと狡猾《こうかつ》さだけで地位を得たような人間だったらしい。その役員にしてみると、実力もあり、会社への貢献度でも自分をはるかに超えていた知人の存在が目障りだったのか、彼を閑職に追いやった。まさに女々しい人間である。

その結果、私の知人は、あっさり会社を辞めた。

「サラリーマンは卒業です。貧乏でも、気軽に楽しく生きていきます。でも、死ぬまで働く覚悟はできています」

絶対に会社を辞めてはいけない、という私の助言もムダだった。彼は小さな会社ではあるが、起業したのである。案の定、彼は貧乏生活に突入した。

「いままで貧乏したことなかったから、たまにはいいか」

この男、すべてがプラス思考だ。

「定年まで会社にいたら、一人で仕事をする意欲もノウハウもなくなっていたと思います。会社を辞めたとはいえ、死ぬまで働けば総収入ではどっこいどっこいでしょう。

それに、あのまま会社勤めをしていたら、ストレスで体を壊していたかもしれないし、ボーッとして交通事故で死んでいたかもしれない。そう考えるんです。自分で選んだ以上、過去のことをあーだこーだいってもしょうがない。ことをあでもない、こうでもないといったところでやり直しできるわけじゃない。明日、大ヒット商品を開発できるかもしれないわけですから」

そういって「ハハハ」と笑った彼は、かつてのパリッとしたブラックスーツからユニクロのカジュアルジャケットに衣替えしたが、サラリーマン時代に比べて表情は明るく、人生を楽しんでいる様子だ。私も同じ脱サラ組。応援したい気持ちになった。

だが私は、決して脱サラをすすめているのではない。人生を左右するようなことであれ、些細なことであれ、自分の過去の選択をいつまでもイジイジと悔やんだり、他人を恨んだりする生き方はみっともないといいたいのだ。

「強い人間は自分の運命を嘆かない」

ショウペンハウエルは、そんなことをいっている。過去への後悔や恨み言が人間を幸福にすることはない。

「生き金」を使えば人生が豊かになる

やりたいこと、叶えたいことに金を使え

いい意味での男の図太さは、お金の使い方に顕著に表れる。

といって、湯水のごとくお金を使うことを奨励しようというのではない。お金そのものへの執着心を捨てられない人間ではダメだということだ。

・とにかく働く
・衣食住にお金を使う
・子どもの教育にお金を使う
・好奇心に投資する
・人間関係に投資する

私の「人生とお金」の関係は、これに尽きる。

お金は、働かなくては得られない。だから、働く。働くことで得られる喜びや充実感はその後にくるもので、まずはお金を得るために働く。世の中には、莫大な親の遺産のおかげで働かなくても生きていける人間も稀《まれ》にいるが、そういう人は例外である。

そして、自分が働いて得たお金で、その稼ぎに合った衣食住と自分の楽しみを確保する。ある程度のお金を得たとしても、それを子どもに残すなどは二の次、三の次。残ったら仕方がないが、最初から残すことなど考える必要はない。子どもには子どもの人生がある。

親が子どもに残すべきは、お金そのものではなく、お金の稼ぎ方を教えることである。そのためには、常識、技術、知識、教養が必要だ。その教育のためにお金を使えばいい。

ただし、間違ってもらっては困るのは、「一流大学を出て、一流企業に就職する」ための教育だけではない。その道も否定しないが、それがすべてではいけない。大学進学以外にもお金の使い方はある。特殊な才能、技術の習得にお金を使う道もある。

目指す道での修業、海外でのさまざまな経験、学習などにお金を使うという選択肢だ。

これからの時代は、ただ「大学を出ました」だけでは通用しない。グローバルな経済や産業の構造変化に対応するためには、卒業証書の威力だけでは足りない。実体のない大卒よりも、現実に「何ができるか」が厳しく問われる時代になる。

私が、もし一〇代の人間なら「手に職をつける」という道を選ぶだろう。

医者、弁護士、大工、農業、漁業、音楽、絵画、さらにはシェフやパティシエ、あるいは物書きなどなど、その職種はさまざまだろうが、とにかく自分にしかできないスキルを身につけることを目指す。大学はそのための選択肢の一つにすぎない。

これからは、そういう社会への転換にますます拍車がかかるだろう。だから、できうるかぎり、成人するまでは子どもの教育にお金を惜しまないほうがいい。

そして、自分への投資も怠《おこた》るわけにはいかない。自分がやりたいこと、叶えたいことにお金をかけることだ。いまは人生九〇年、一〇〇年の時代。六〇代、七〇代で一丁上がりの時代ではない。年齢も七掛けくらいに考えたほうがいい。そのためには、つねに自分をバージョンアップする意識が必要だ。その原動力が「好奇心」である。

拙著に『死ぬまで好奇心！』（ＫＫロングセラーズ）という本があるくらいだ。

面白そうだなと好奇心を覚えても「ま、いいか」と放っておいては、充実した人生は迎えられないだろう。一歩踏み出すためのお金を惜しんではならないのだ。この習慣は、若いころから身につけておかなくてはいけない。ただ「飯を食って、寝るだけ」の人生では、生きている意味がないではないか。

もちろん、充実した人間関係も必須の要件になる。他人とつきあうことにお金を惜しんでいては、人生のバージョンアップはできない。当然、異性への関心も死ぬまで持つべきだろう。これもお金がかかる。

好奇心への投資、人間関係への投資は、自分の人生に間違いなく「利息」をもたらしてくれる。

好奇心にお金を惜しむな

世の中には、お金そのものへの執着心から自由になれないケチがいる。お金を得ることに関しては形振《なりふ》りかまわないのだが、お金を使うことには無条件に抵抗する。こういうケチな生き方は幸せとはいえない。人間関係も貧しくなる。こういうケチは、どんなにお金を持っていても「ヤセた人生」しか生きられない。

ケチはケチでも図太く生きる人間は、お金の使い方のメリハリを知っている。浪費はしないが、出すときは出す。つまり、よくいわれるように「生き金」という考え方を持っているのだ。

いままで、私は食べること、着ることに対しては人並み以上にお金を使ってきた。また人間関係、趣味、好奇心のためにもお金を使ってきた。そうしなければ、住宅ローンの返済はもっと楽に終わっていたし、もしかするともっと広い庭があって、もっと広い部屋の一つや二つはある家に住んでいたかもしれない。預金通帳にも大きな数字が並んでいたかもしれない。しかし、私は少しも後悔などしていない。

これからも好奇心を満たし、人間関係を楽しむためにお金を使うし、そのために死ぬまで働くだろう。「生き金」を使うため、そして、その原資を得るためである。

「ヤセた人生」は、ご免こうむる。お金を使うことで生まれる利息で、もっと「豊かな人生」にしたい。だから、これからもお金とはそういうつきあいを続けるつもりだ。

あの世に銀行があるという話は、まだ聞いたことがない。だから、あちらへは預金通帳は持っていかない。「豊かな人生」を送っていれば、きっと天国に行けるはずだ。天国ならお金はかからないだろう。

宗教への畏敬の念がないわけではないが、白洲次郎《しらすじろう》のように「葬式無用、戒名不要」である。残った家族が「生き金」でやってくれればいい。

「お金……手放すとき以外、何の役にも立たぬ恩恵物」

『悪魔の辞典』で知られたアメリカの作家アンブローズ・ビアスの言葉である。

第2章　図太く生きれば、

余裕が出る

心の余裕はルール違反も許してしまう

頭は柔らかく使うこと

図太く生きるときに欠かせないもの。それは「余裕」である。

最近、私は他人に怒られた。怒られたが、思わず笑ってしまった。

銀行でお金を引き出そうとしたときのこと。多くのサラリーマンの給料日である二五日の三日前、午後二時過ぎ。その時間なら空いていることを見越して出かけた。混んでいる銀行は腹立たしいからだ。

案の定、ＡＴＭの前はガラガラ。混雑時を想定して何度もＵターンするように張りめぐらされたロープを無視して、私は直接、ＡＴＭのほうに向かって歩いた。

「道が違いますよ！」

声に振り返ると、ノーネクタイだが、きちんとジャケットを着込んだ八〇過ぎと思われる老人が私を見ている。お金をおろし終えたのか入金をすませたのかはわからないが、用を終えて出口に向かう途中のよう。

だが、一〇台のATMのうち七、八台は無人。列に並んでいる人も、もちろんいない。割り込んだわけではないし、彼の歩くコースを邪魔したわけでもない。

彼の声を聞いて、はじめは何のことかわからなかった。だが、すぐに意味はわかった。要は「ロープで指示された順路に従って歩きなさい」ということなのだ。

「これは失礼。でも、ガラガラですから」

私は、そんな言葉で軽くかわした。それ以上、声は飛んでこなかったが、彼はまだ「許せん、納得できん」という表情でこちらを見ていた。私は、無視してATMに向かったが、その頭の固さに思わず笑ってしまったのだった。

みなさんは、どうお考えだろう。私はやはり糾弾されなければならないのだろうか。これは、新幹線や映画の切符売り場などでもよくあるケースだ。なかには誰もいないのに、張られたロープ通りに歩かなければ売り場までたどり着けないケースもある。

この場合は仕方がないから「コの字」を渡り歩いて到着するが、何かバカバカしく感じるのは私だけだろうか。

もちろん私とて、誰かが並んでいればそんなことはしない。これが道路なら、一〇〇%クルマが来ないとわかっていても、赤信号ならよほどのことがないかぎり渡らない。ルールやマナーを守ることは心得ている。だが、ここは銀行のなかである。

世界に誇れる日本人の特質として「ルールやマナーの遵守《じゅんしゅ》」が挙げられる。それはそれで素晴らしいのだが、行き過ぎは考えものだ。

TPOに応じてルールを考える

社会生活、人間関係をめぐる物事には「暗黙の了解」というものがある。これがないとすべてがギクシャクすることもある。「笑って許す」「黙って見過ごす」という、いわば心の余裕が必要なのだ。それがない生き方など私はご免である。

杓子定規《しゃくしじょうぎ》にルールだとか、正義だとかを振りかざす人間には、どうやらその心の余裕がないようだ。この行き過ぎた堅物ぶりを、仕事ばかりか遊びでも崩さない人間がいる。

たとえば、「ゴルフは紳士のスポーツだから」とプロのトーナメントでもない、コンペでもない身内だけで来ているのに、「素ぶりは二回まで」とか「リプレースは六インチまで」などと神経質に事細かにいう。ちょっとプレーが遅れると、同伴者を「後ろの組に迷惑だから」と必要以上にせかす。

鍋料理を食べに行けば、鍋奉行よろしく大真面目に段取りを指示したりと、いちいちうるさい。そう、いちいちうるさいのだ。鮨屋《すしや》に行けば、ムラサキ、あがりなどの符牒《ふちょう》を得意満面に使う。「まずは玉《ぎょく》を最初に」などとしたり顔だ。蕎麦屋に入れば、いっぱしの蕎麦通を気取って、最初はつゆもつけずに、わざと大きな音を立てて蕎麦をすする。だが、とても美味しそうには見えない。

ルールやマナーを、ないがしろにしてもいいといっているのではない。ゴルフや食事は楽しむためのもの。行き過ぎたルール、マナーの遵守精神を発揮して、他人を不快にするような言動はいい迷惑だ。

私は、よく気心の知れた知人と二人でゴルフに行く。そんなときは、スコアをつけないこともある。真剣勝負を挑んでいるわけではないからだ。それどころか、ここだけの話、前にも後ろにも誰もいない平日の閑散としたコースでは、ミスショットしたら打ち直しをお互いに認める。スロープレーで、ほかのプレーヤーに迷惑をかけるわけではない。ストレス解消と体を動かすためにゴルフをしているからである。コンペとは違うのだ。

遊びのルールにも、臨機応変は大切である。

食事の場とて同じ。料理によっては、守らなければならない手順や習慣はある。だが、それが楽しく、美味しく食べることに優先するわけではない。そんな食事は体によくない。

これでは本末転倒である。何のために遊び、何のために会食するのかわかっていない。他人を不快にさせたり、迷惑をかけないかぎりは、どんな作法で行動するかはその人の自由のはずだ。

「美味しく食べていただくためには、お好みでたっぷりつゆをつけていただいていいんです」

一〇〇年以上続く、ある有名蕎麦店の店主の言葉だ。さもありなん、と思う。レストランなどでライスが出たとき、フォークの背に器用にご飯を乗せて食べる人がいるが、あれは曲芸ではないかとも思う。

ルールやマナーが必要であることは否定しない。だが、心に余裕があれば「笑って許す」「黙って見過ごす」など、ルール違反に目くじらを立てないほうがいい。

クルマのハンドル同様、ルールにも「遊び」があっていいということ。図太い人間は、心に「遊び」という余裕を持っている。

納得できないものは従わない

「婦」は差別語なのか

「何だか、世知がらいですね……」

知り合いの愛娘《まなむすめ》の結婚披露宴に招かれたときのこと。隣の席に座ったご婦人から声をかけられた。八七歳だという。年齢を尋ねたわけではないのだが、自身の口から明かしてくれた。披露宴の席での女性の装いとしては珍しく、パーティドレスや和服ではない。だが上品なツイードスーツは本物のシャネルとお見受けした。

新婦が看護師と紹介されたプロフィールが終わったとき、その女性が嘆いたのは、職業の呼称についてである。

「私は四〇年以上、看護婦として働いていたんですが、いまでは『看護師』といわなきゃならないといわれる。どうして『看護婦』ではダメなんでしょう。私はご免です」

聞けば、国立大学の看護学科を卒業後、そのまま大学病院で看護婦として勤め上げたという。最終的には総婦長にまで上り詰めたらしい。身分は公務員だ。定年退職後も民間のいくつかの病院で七五歳まで働いたそうだ。見事なキャリアである。

「『婦』が差別ということらしいですが、それが解せない。だって、私は間違いなく女ですからね。『看護婦さん』って患者さんから呼ばれた女性は、侮辱《ぶじょく》されたと考えなくちゃいけないんでしょうか」

まさに「わが意を得たり」の気分だった。

たしかに、病院でも男性の看護師が増えた。だから、男性を呼ぶときは「看護士さん」とか名前で呼べばいいだけの話。要は使い分ければいいではないか。

私自身も原稿に「看護婦」と書くと、担当編集者から婉曲的に「看護師」と直さなくていいのかと指摘されるが、そのままでいいと突っぱねる。私は、女性と男性を区別はするが、差別をしているわけではないからだ。心ならずも「女性の看護師さん」などとは書きたくない。

何よりも「看護婦」と呼んではいけないという、その理由がわからない。間違った平等至上主義、さらには、それに付和雷同《ふわらいどう》する社会の風潮も気に入らない。それに疑問も感じず受け入れることが男女平等なのだろうか。誰が何といおうと、納得できないものを受け入れるのはご免である。そんな人間から無神経呼ばわりされても、私は痛くもかゆくもない。

そもそもこうした傾向は、かつては男性、あるいは女性だけにかぎられていた職業に、世界的な風潮として男女どちらも就業するようになったことが発端にあるのだろう。また男女の賃金差、待遇差を是正するために呼称も性差を含まないものにしようという動きが反映したものでもあるという。

英語圏でも「Stewardess」は「Flight Attendant」といわなければならないことはよく知られているが、消防士なら「Fireman」ではなく「Fire Fighter」、警察官なら「Policeman」ではなく「Police Officer」と呼ぶらしい。

「性差」がなくなることはない

だが、こういう風潮はいかがなものかと思う。私は差別を肯定するつもりはない。もちろん差別や侮蔑が含まれているなら、その言葉を使うのは不当だと思う。だが、日本語の「婦」のどこがいけないのか。

たとえば、いまは「保母さん」という呼び方もダメ。「保育士」なのだという。これもおかしな話だ。私などは、母親にずいぶんと苦労をかけたクチだから「母」という言葉や文字には特別の思い入れがある。この「母」も使えないのかと愕然《がくぜん》とする。

こういう画一的な言葉狩りは、女性差別撤廃に対して何の役にも立たないと思う。差別は論外だが、区別を否定することはできないからだ。さらに言葉というものは、そもそも記号ではなく、その発生以来、区別やニュアンスはもちろん、使う人間の印象や感情を内包しているものだ。

「婦」や「母」がダメだという発想を進めていけば、「父親」「母親」「息子」「娘」も使えなくなりはしないか。逆に考えれば、人間の社会的属性の区別は、行き着くところすべて差別になってしまう。戸籍や公的書類に、男女の別も書けなくなる。

そういえば先ごろテレビで、妻が働き、夫が主夫に徹しているアメリカの夫婦を紹介していた。その母親に取材者がインタビューしたとき、彼女は「母親」ではなく、たんに「親」と呼んでほしいと自ら語っていた。自分で性別を否定しているのだ。アメリカは、そこまでいっているのかと驚いた。

こうなると、もう「男女」もなくなるのか。「男女」ではなく、「女男」ならいいのだろうか。「夫婦」でも同じことがいえるだろう。

ちなみに、私の出身である慶應義塾では、学内では社会一般的に使われている「早慶戦」とはいわない。「慶早戦」である。こんな慣習はご愛嬌《あいきょう》のようなものだが、言葉一つで、もし早稲田出身者と慶應出身者が本気で怒りはじめたら大変なことになる。

そうならないのは、歴史的、社会的、文化的に定着した言葉を誰もが受け入れているからだ。だから、私はふだんの会話では「慶早戦」などということはない。

余談はさておき、「看護婦」も「保母」も「婦人警官」も、日本の歴史と文化のなかで生まれ育ってきた大切な言葉である。

女性が社会のなかで、もし女性であることだけで差別や侮辱を実感するようなことがあるとしたら、それは悪しき歴史、習慣、制度の原因があるのであって、区別する言葉にあるわけではない。言葉をなくせば実体がなくなるとでもいうのか。とんだお門違《かどちが》いだろう。

何だかわけがわからない空気に遠慮して、自分にとってきわめて自然な言葉を口ごもるような日々は送りたくない。そういう神経質さは、生きていくうえでは百害あって一利なしだ。

冒頭で紹介したご婦人のように、その当事者が愛着を持って使っている「看護婦」という言葉を素直に使えばいい。私が入院したときも「看護婦さん」で通した。やさしさを含んだいいネーミングではないか。

職業の呼び名に対してつまらない神経を使うより、性差を認めたうえで、男性も女性もやるべきことをきちんとやり、もっと大切な場面で神経は使うべきである。

いたずらに理解を求めない、孤立を恐れない

「わからない」を前提に考える

人間関係で気を使いすぎることはないだろうか。あえて誤解を恐れずにいえば、気は使うより、使わせたほうが楽になる。気を使いすぎるのは考えものだ。

そもそも、相手を理解しようと思うからいけない。人間が人間を理解するなんて、しょせん無理なこと。だいいち、自分自身だってよくわかっていないではないか。他人のことがわかるはずはないのである。

逆にいえば「自分のことをわかってくれない。どうすればいいのか」というのも同じこと。メールや手紙で、よくそんな相談をいただく。若い人ばかりか、四〇代、五〇代の読者も多い。

「他人が自分をわからないのは当たり前のこと。それを期待するほうがおかしい」

私は、おおむねそう答えている。

「自分探し」などという軽い言葉を若い人は使うが、そもそも「自分」とはいったい何なのか。自分が何者であるかなど、誰にもわからない。私はそう思っている。自分のことさえわからないのだから、他人が自分をわかることなどありえない。

この簡単な事実を受け入れることのできない人間が、「どうすればわかってもらえるのか」、あるいは逆に「あの人のことがわからない」などと人間関係の行き違いに悩んだりする。そういうタイプの人間は、それが他人に対する気遣いでありやさしさだと思っている。だが、それは見当違い。自分に自信がない、自分が傷つくことが怖いだけなのだ。

私は人とのつきあいは大好きだが、ダラダラと長い時間を他人と過ごすのは苦手だ。持って生まれたせっかちという性格のせいもあるが、さしたる懸案があるわけでもないのに長い時間一緒にいると、お互いに愚にもつかないことを考えたりするからだ。さほど懇意にしているわけではない人間はもちろん、気心の知れた関係でも同じである。

「心理のあやとり」はムダなこと

自分勝手にしろというわけではないが、相手の気持ちを読んだり、相手に気を使ったりするのは「ほどほど」がいい。お互いに疲れるし、楽しい時間も色褪《あ》せてくる。「いま彼がいったことは、どんな意味だったのか」などと深読みしたり、「何かちょっとイヤな顔をしたな」などと、ふとした相手の表情に気を使ったりするのは、バカらしいこと。

「相手が何を考えているか、相手がどう感じているかなどという『心理のあやとり』に長い時間を費やすのは、ムダですよね」

と、知人もいっていたが、「心理のあやとり」とは面白い。

親しい間柄での楽しい時間でも、七分目くらいでお開きにする。これがコツだ。「もう少し話していたいな」と思うくらいでサッと切り上げるのがいい。

万事、人との距離はそれくらいがいいのだ。仕事の人間関係も同様。「もっとわかり合おう」などと考える必要はない。

もちろん、親しい人間関係を否定するつもりもない。だが、他人の顔色ばかりをうかがって気を使い、うまく人間関係が結べないと悩んだり、悲しんだりする必要はないといいたいのだ。孤立するようなことがあってもいいではないか。図太い人間は孤立を恐れない。

「己の感情は己の感情である。己の思想も己の思想である。天下に一人もそれを理解してくれる人がなくたって、己はそれに安んじなければならない」

文豪・森鷗外の言葉である。

これこそ図太い人間の生き様であろう。

仕事の移動でも小さな旅が見つかる

「外」を楽しむ生き方

「図太い人間」は、めったなことでは不平や不満を口にしない。さらに、もう一つ特徴的なことがある。

「楽しみの見つけ方がうまい」ということ。その原動力になっているのが、再三指摘するように、図太い人間が持っている「プラス思考体質」である。

ときどき旅行のプランを頼んでいる旅行代理店の営業マンが、そのタイプだ。

「会社勤めをしていて何が得かといえば、地方出張でも近場の営業でも、交通費が会社負担だっていうことです。旅行費用を会社からもらっていると考えれば、仕事も楽しくなると思うんですよ。街を歩いているだけでウキウキしてくるんです」

彼は、もともと旅が大好きでいまの会社に入ったのだが、地方出張ばかりか近隣への営業回りも、旅行のように考えているようだ。なかなか面白い。彼は会社の仕事を楽しんでいる。すなわち、人生を楽しんでいることでもある。

私自身、営業職の経験はないが、新聞記者時代から外に出かけることが大好きだった。とにかく、家にじっとしているのが苦手なのである。それは若いころからいまに至るまで変わらない。

記者時代はかなりの激務のうえ、雑誌の記事を書くアルバイトもしていたから、まさに寝るヒマもないような生活だったが、家に帰ってゆっくりするようなことはあまりなかった。何やかんやと用事をつくっては出かけていたからだ。たまに三、四日の休みを家で過ごすこともあったが、退屈で仕方がなかった。

そのころはもちろんだが、いまでも月曜日の朝は何となく心がウキウキする。妻には申し訳ないが、「さあ、家から出かけるぞ」と思うとうれしい気分になってくる。決して家が嫌いなわけではない。もちろん大好きだが、長い時間をのんびり過ごしたいとは思わないのだ。ほどほどくつろげればいいと思っている。

なぜか。一つには仕事が大好きということ。二つ目は外出が好きということだ。海外、国内を問わず旅行は好きだし、東京の街歩きも楽しい。

「どこか遠くへ旅をしたいが、金も時間もない」

よく、そんないい訳をする人がいるが、旅の楽しみは、距離の移動やお金をたくさんかければ得られるというものではないだろう。どこでも楽しみは見つけられる。各駅停車の鈍行で行く旅なら「青春18きっぷ」などがおすすめだ。また地元にいても、自宅と会社の往復以外の移動を「小さな旅」と考えてみればいい。

お金をかけなくても旅はできる

仕事であれプライベートであれ、毎日の通勤ルート以外の街に出かけるとき、私はいまでもちょっとうれしい気分になる。その理由は、それぞれの街にお気に入りの場所を持っているからだ。

「銀座に行ったら、あの店で焼き肉を食べよう」「青山に行ったら、あの和食屋かフレンチ」「浅草なら、あの鰻屋《うなぎや》」「日本橋なら、あの蕎麦屋」「お茶の水なら、あのゴルフショップ」「新宿なら、あの靴屋」。そんな「お目当ての店」を持っていると、仕事であってもワクワクした気分になる。

「お金がいくらあっても足りないだろ」

そういう声が聞こえてきそうだが、そんなことはない。いつも大金をはたいて食事をしたり、高価な買い物をする必要はないからだ。カレー一杯、お茶一杯でもいい。あるいは見ているだけのウインドウショッピングでもいい。

私にとって美味しいものを食べる「快食」は、充実した人生に欠かせない要素だ。だから、「あそこに行ったら、○○を食べる」という小さなお目当てを見つけるのは大切なことなのだ。

また、私は食道楽ばかりか、着道楽でもあるから、その小さなお目当ては食べ物屋ばかりかメンズショップ、靴店などにも及ぶ。おおむね食べることや着ることにからんだスポットが中心になるが、人によっては書店やCDショップ、骨董店《こっとうてん》、ギャラリーなど、その目的はさまざまだろう。

そんなふうに自分の好きな店やお気に入りのスポットを持っていると、街歩きが俄《が》然《ぜん》楽しくなる。久しぶりにその街を訪れたりすると、周囲のビルや店舗を含めた景色の変化も新鮮に映る。変化が激しい都会では、以前の面影をとどめた街並みは少なくなったが、それでもつかの間、過去の思い出にふけることもできる。

私自身、そんなふうに、日々の小さな旅を楽しんでいる。だから、そうした街を訪れるときは可能なかぎり、約束の時間よりも余裕を持って到着するようにしている。ただ目的地に急ぐだけでは、風景や人波は目に入ってこないが、ゆっくりと歩いていれば、それまで気づかなかったものをとらえることもできる。

また約束の場所がいままで行ったことがない所だと、それが昼食時にあたっていれば、三〇分以上早めに出かけて、その約束の場所の近くで美味しそうな食事処を探すのも楽しみの一つにしている。未知の場所へ行くのも、また旅なのだ。

「人が旅をするのは目的地に到着するためではなく、旅をするためである」

そういったのはゲーテだが、冒頭の営業マンのように、仕事の移動でも「小さな旅」をすることは可能なのだ。「移動＝旅」だと思えば、社用でも無味乾燥なものではなくなる。考えようによっては、楽しい気分になれることはすぐ身近にある。

「お金がない」「時間がない」など、さまざまな理由を見つけて「自分を楽しませること」に消極的な人間がいる。

たった一度の人生を、愚痴や嘆きや後悔というマイナス思考の絵の具で描くか、それとも楽しみや驚きや感動というプラス思考の絵の具で描くか——発想を少し変えてみればいい。

図太い人間は、持ち前のプラス思考で「幸せの絵の具」をいろいろなところで簡単に見つけてしまう。こういう生活をしていると、心も体も健康になる。

太っ腹で納得する器を持て

他人の嗜好《しこう》を尊重できるか

「図太い生き方」を私はすすめているが、それは「無神経な生き方」ではない。さりとて、神経質なのも考えものである。

「受動喫煙の影響を考慮し、○月○日をもって灰皿を撤去します」

ときどき立ち寄る公園の片隅で、そんな立て看板を見つけた。

たしかにその場所では、タクシーの運転手などの愛煙家たちが、うまそうに紫煙をくゆらす姿を見かけたことがある。喫煙スペースが日ごとにかぎられていくなか、愛煙家たちは砂漠でオアシスを見つけた旅人よろしく、灰皿を見つけるとしばしのリラックスタイムを楽しんでいる。そんな風景を誰でも見たことがあると思う。その公園の片隅もその一つだった。

私自身、五年ほど前に半世紀近くにわたった愛煙生活にピリオドを打った人間である。だから喫煙者が、批判にさらされ、肩身の狭い思いをしながら、わずかに許されたスペースで喫煙する気持ちは痛いほどわかる。

もちろん、非喫煙者が受動喫煙を嫌う気持ちも十分に理解できる。だが、その立て看板を見たときは、違和感を抑えられなかった。その公園は都心にありながら、かなり広い。しかも、灰皿が設置されている場所はさして人通りの多いポイントではない。排気の悪い室内でもない。少なくとも受動喫煙が云々される場所とは思えなかった。

「もしかして、熱心な嫌煙者が公園を管理する役所に注文した結果の処置ではないだろうか」

事実かどうかは不明だが、そんなふうに想像してしまった。さらに、この場所で受動喫煙が問われるなら、クルマの排気ガスはどうなのだろうとも考えた。

「意に沿わない」だけで攻撃する人

マナーを心得ない喫煙者は糾弾されてしかるべきだが、ここまで神経質にならなくてもいいのではないかと愛煙家に同情する気持ちにもなる。もし、タバコの煙を嫌うなら、この場所に近づかなければいいではないかと思う。

喫煙者は犯罪者ではないし、現在の日本において、喫煙は違法ではない。現にタバコ産業は成り立っている。見方を変えると、ある意味、喫煙者は高額納税者ともいえる。一箱の半分以上が税金だ。もちろん、喫煙によって健康を害する確率が高くなることで、税金で賄《まかな》われる医療費が増えるという面も間違いではない。

結論からいえば、あまりにヒステリックに喫煙をたしなめる主張が好きではない。先の公園での灰皿撤去は異常ではないか。ルールを守って、自己責任において喫煙する人にかぎっていえば、非喫煙者は「賛成はしないが納得はする」というスタンスで臨んではどうか、と提言したい。別の言い方をすれば、もう少し「太っ腹」になれないのかと思う。

数年前、ある女性漫画家が飛行機に搭乗した折、同乗していた赤ん坊が離陸してから着陸するまで泣きっ放しであったことに怒り、その母親と客室乗務員に強硬に抗議したという事件があった。

その顚末《てんまつ》を、漫画家自身がある雑誌に寄稿したために反響を呼んだ。彼女の主張は「乳児は飛行機に乗るべきではない」「母親は乳児をしっかりとコントロールすべき」というもので、着陸態勢に入った機内でシートベルトを外し、「もうイヤだ、降りる、飛び降りる！」と叫んだというのである。

私自身も、新幹線や飛行機内で赤ん坊の泣き声に閉口した経験はある。看過できないことに関しては、すばやく異議を唱える私だが、乳児の泣き声ではどうしようもない。新幹線ならば、ほかの乗客に迷惑をかけないように、ほとんどの母親はデッキに出て赤ん坊が静まるのを待つ。だが、飛行機内ではデッキのような場所はない。ましてや、シートベルト着用厳守の着陸態勢であれば、これはどうしようもない。

赤ん坊の泣き声は、ほとんどの乗客にとって歓迎すべきものではないだろう。だが、常識をわきまえた人間なら「運が悪かった」と我慢する。あるいは「うるさいけれども、母親は大変だな」と感じる人もいるだろう。それが大人の対応である。言葉を理解する幼児が、通路を走り回っているわけではないのだ。

この騒動をきっかけに、何人かの著名人が漫画家の言動に対して異を唱えているが、なかでも、音楽プロデューサーのつんく♂さんのコメントが忘れられない。

「以前、飛行機で離陸から着陸まで泣いてた赤ちゃんのママと目が合った。『すいません。疲れてはるのに居眠り出来なかったでしょ』って。『いえいえ、2時間泣いてたこの子が一番がんばった。エライエライ』って言ったらママさんが涙しはった。今ならこのママさんの涙の意味がわかる。子供は泣くさ」

彼の「子供は泣くさ」という言葉がいい。この納得の仕方こそが、大人の流儀というものだろう。

このエピソードと冒頭の受動喫煙は別の趣旨の話ではある。だが、「自分の主張と異なること」「自分が許容できないこと」「自分の意に沿わないこと」に対して、過剰な神経質さで攻撃する姿勢は、自分のなかに間違った判断をもたらす。そして多くの場合、他人の理解を遮断してしまう。

他人の言動について「歓迎できないこと」「同意できないこと」ではあっても、それはそれとして、太っ腹になって「さも、ありなん」と納得すること、あるいは「諦める」ことも必要な場合があるのだ。

人生には、白か黒かを決めなくてもいいこともある。何でも許せというつもりはないが、無闇にいきり立たなくても「そんなものか」「そういう人もいるよな」と納得したほうが、心の健康にいい場合もある。

大人ならそうすべきだろう。

「心の清涼剤」のような仲間がいますか

「命まで取られはしない」

「あの人は、図太いよね」

そういわれる人間は、ひと言でいうと「おおらか」である。

きわめて個人的な感想で、テレビの画面を通してしか知らないのだが、私はタレントの所《ところ》ジョージさんに、このおおらかさを感じる。

・他人のことをとやかくいわない
・クヨクヨしない
・頭が柔軟
・表情がいつも穏やか

おおらかな人は、こんな特徴を持っている。所さんに対する私の印象はそれである。世の中には、とにかく「他人の品評会」ばかり開いている人間がいる。それもほとんどが批判ばかり。聞くほうもイヤな気分になるから、あまりつきあいたくはない。

他人の悪口が、酒の肴になるのは否定しないが、それはごくごくかぎられた内輪のことだけにしておいたほうがいい、というのが持論だ。さほど親しくもない人間が口にする、他人への批評には私は耳を貸さない。気を許して相槌《あいづち》など打ってしまえば、いつの間にか「○○さんもいっていたけど」という「○○さん」に自分が仕立て上げられることもある。

おおらかな人は、こういうタイプの人間の話にも「あっ、そう。だから何なの？」という調子で取り合わない。反応がないから、品評好きの人間も拍子抜けして、次第にその人の前では悪口をいわなくなる。

また、おおらかな人は、いい意味での鈍感さを備えている。対極にある「神経質な人」に比べて、同じ困難に直面してもあまり動じない。「そのうち何とかなる」という根拠のない楽観論を持ち出し、落ち込まない。こういう鈍感さは悪くない。

ときには開き直って「命までは取られはしないだろう」と達観するから、出口なしのような局面でも視野を狭めないですむ。「さあ、殺せ！」と大の字になっての開き直りである。すると、不思議と難局打開の妙案が浮かんでくる。これが頭の柔らかさだ。ちょっとむずかしい表現をするなら、物事を相対化する能力を持っているともいえる。

そうなれば、当然、表情は穏やかになる。

一喜一憂しない生き方

私の知人に、こうした特徴をまとっている人物がいる。

有名大学を卒業して一流商社に就職したのだが、自分の肌に合わないと三年で辞めた。家族はもちろん、まわりも猛反対したのだが、彼の決断は覆《くつがえ》らなかった。退社後は進学塾の講師として働きながら、時間を見つけては家庭菜園に精を出している。

「楽しい人間関係はウエルカムなんですが、他人の足を引っ張ったり、他人を押しのけてまで出世したりするような生活は僕には無理なんです。それに社内の人間のほとんどは、自分は賢いっていうタイプばかりで。たしかにみんな優秀です。でも僕はどちらかというと、バカでもいいんじゃないって思っているので……」

そういって笑う彼の言葉に表れているように、脂っ気の抜けたさっぱりした人間なのである。虚勢を張らない、学歴を自慢することもない、他人の悪口もいわない。

「逃げてるっていわれれば、逃げてるんでしょうけど、自分の頭の上のハエを追っ払うことで精いっぱいですから、他人の欠点なんて見ているヒマがない。それに、他人の欠点を見つけることが下手なんですよ、僕は。人それぞれ、いいところってあるじゃないですか」

万事が、この調子である。会社を辞めたことを後悔する素振りも見せないし、会社や元上司、同僚の悪口もいわない。だからといって、聖人君子然として近づきがたいタイプかといえば、まるで逆。話していると、いつも穏やかな笑い声に包まれている。肩の力が抜けているのだ。

プライベートなつきあいだから、進学塾という仕事での彼の顔は知らない。だが、目くじら立てて生徒に自己主張を強《し》いたり、彼らを批判する姿は想像できない。ごく稀に、真面目な顔で「批判のようなもの」「不満のようなもの」を口にすることもあるのだが、表情といい、言葉遣いといい、説得力がまるでない。

そして、何よりも笑顔がいい。彼が楽しいことを話したり、こちらの面白い話に耳を傾けているときの顔が何ともいいのだ。だから、一緒にいるとこちらも楽しくなる。さりとて、ベタベタした関係にもならない。

私はこの男といる時間が楽しい。なぜ楽しいのか、その理由を考えてみた。そして、ふと思ったのだ。

「所ジョージに似ている」

風貌も口調も、日ごろから好感を抱いている所ジョージさんに似ているのである。

私はこの男といると、自分がおおらかな人間になっていく気分になる。小さなことに一喜一憂しない図太さが湧いてくるようにも感じられる。一服の「心の清涼剤」のような効果をもたらしてくれるのだ。

心の清涼剤になるような友がいるかどうか。そんな仲間を持つことは人生の幸運である。「他人の品評」ばかりしている人には、そんな幸運は訪れない。

第3章　図太い人間は、

太く長く生きる

自分の「カン」を信じて生きてみる

理屈だけでは生きていけない

何かを決断するとき、論理的な思考や整合性について無頓着なわけではないが、それと同じくらい、いや、それ以上に、私は「感性」や「勘」を大事にする。とくに「感」によるところが多い。視覚、聴覚、触覚、嗅覚、味覚の五感以外に、「何となく」としかいいようのない感覚を私は信じて生きてきた。

ちょっと話は変わるが、私のふだんの食事は肉食が中心。そして「肉が元気の源」と強く思っている。

あるとき、知り合いの管理栄養士の女性から「この一週間、何を食べたか教えてほしい」といわれたことがある。私の健康を気遣ってのことだ。私は、手帳の助けを借りながら、何を食べたかを話した。物忘れはかなりのものになってきたが、食道楽を自認するほどだから、何を食べたかはそれほど忘れてはいない。

その週の朝は、家でほぼ毎日トーストと卵料理、果物とコーヒー。昼はデパートのレストラン街でパスタか中華かフレンチ。夜は家でステーキとハンバーグ。それ以外に外食した夜は、イタリアンが二回とフレンチと鉄板焼き、それに鰻だった。

「脂っこいものばかりですね。もう少しお肉を減らして、魚や野菜を増やしたほうがいいです。カロリーの低い和食もいいですよ」

彼女は、ややあきれたような表情でそうアドバイスしてくれた。さらに血圧、血糖値、コレステロールなどの数値を厳しくチェックしたほうがいいともつけ加えた。

だが、彼女には申し訳ないのだが、正直なところ自分の食生活のスタイルを変えるつもりはない。体が欲するものを食べれば健康でいられると信じている。

若いころから変わっていないのだが、私は無類の肉好きだ。極端といわれそうだが、一日に一回肉類を食べないと体へのパワーが不足すると思っている。もちろん、繊細な日本料理も大好きだが、もし一日三食すべてが和食だったりすると、心も体もパワー全開とはならない。これも「感じ」である。

快食、快眠、快便で健康に生きる

健康医学書などには肉類は控えめにして、野菜や果物をふんだんに取り、タンパク質は魚類、乳製品や豆類などの低脂肪の食品で取ることが望ましいと書かれている。なるほどとは思う。だが、好きなものを美味しく食べたほうがいいとは、どこにも書いていない。私には、それが解せない。

人間にとっての「食」とは、生命を維持するためのエネルギー補給の意味だけではないはずだ。生物学的、あるいは医学的根拠についてはわからないが、「美味しい」と感じるものは体が欲しているものと伝えている。

実際、私はタイトな仕事が続くときなどは、意識的にステーキや鉄板焼きなどを食べる。ランチやディナーを問わない。それによって、「元気になった」「体調が戻った」という「感じ」が得られればいいのだ。そんな食生活だが、膵臓《すいぞう》ガンで数年前に手術をしているため、大事をとって年に一回の定期健診を受けているが、血液検査などでもほぼ異常がない。総コレステロール値は高めだが、まったく気にしていない。

「いやあ、まったく問題ありません。数値は高めでも許容範囲ですよ」

私の主治医は、私の健康状態に太鼓判を押しながら、あとはもう世間話だ。

また、本の出版の手伝いをさせてもらった別の医師もいう。

「健康診断のさまざまな検査などで『正常値』といわれているものは、三〇代の健常者を基準に決められたものです。自分が正常といわれる数値の範囲内にないからといって、とくに年配者が心配することはないと私は考えています」

高齢者がどんどん増えているのに、長いスパンで調査した六〇代、七〇代、あるいはそれ以上の世代の平均的数値の統計などない。だから、おおよその基準として正常値が決められているにすぎないというのだ。それも若年あるいは中年が中心だ。

「医師として定期健康診断は意味がないとはいえませんが、絶対的なものではないですね。患者さんのなかには、神経質に数値を毎日のようにチェックして『病気探し』をする方もいらっしゃいますが、その神経質さが生むストレスのほうが気になります。美味しいものを美味しく食べられる。それがいちばんいいのですよ」

まさに、わが意を得たりである。肉が食べたければ食べる。それも美味しく食べる。お酒が飲みたければ飲む。暴飲暴食は慎まなければならないが、ヒステリックにあれもダメ、これもダメなどという気分で暮らしていたら、ストレスがたまって、かえって健康を害するのではないか。私はそう思う。

自分だけの「正常値」は、自分の「感」でいい。基本的には、快食、快便、快眠の「三大快」が健康のもとだと思っている。私はそうやって生きてきたし、これからも変えるつもりはない。

悩んで病気が治るわけではない

健康診断は体に悪い？

世の中には、信じられないほど心配性の人間がいる。

「定期健診で異常が見つかりましてね」

久しぶりに会った知人が青白い顔をして、ふさぎ込んでいる。進行性のガンでも見つかったかと心配して尋ねると、こちらが拍子抜けするような答えが返ってきた。

「尿酸値が八以上あって、おまけに血圧も上が一五〇もあるんですよ」

「それで？」

ところが、それ以外はまったくの正常値。それも、六〇歳を過ぎても比較的スリムな体形で顔の色つやもいい。ちなみに、尿酸値の合格ラインは七以下だ。

「まさか、それで、ちょっと元気がないの？」

「ええ。心配で、心配で……」

検査では、たしかに尿酸値は正常値を上回ったが、手足の指が痛むわけではないらしい。血圧もやや高めだが、動悸《どうき》や息切れが気になるわけでもないという。

私にいわせれば、間違いなく彼は健康だ。にもかかわらず買い込んだ医学書を読んで、どうしようかと思い悩んでいる。そのわりに、病院に行くというわけでもない。

まともに取り合う話でもないが、こういってなぐさめた。

「通りの向こうで風邪が流行っているからといって、布団を敷いて寝込むような真似はやめなさい」

このように、健康診断でちょっと異常を指摘されると急に心配性になる人間がいる。

だが健康診断については、こんな見方もあるのだ。医事評論家の中原英臣《なかはらひでおみ》さんが、物申している。
・健康診断で医学的根拠があるのは、血圧、身長・体重、飲酒、禁煙、うつ病、糖負荷試験の六つだけ。ほかに信用できる数値はない。

・健康診断で「異常なし」の健康人と診断されるのは、わずか一〇%しかいない。
・「がん検診は効果なし」と厚生労働省も認めている（子宮体がん、乳がん、肺がん検診はあまり効果がない）。日本人はホッとするために、がん検診を受けている。
・日本のメタボリック検診は病気を増やす陰謀。メタボの基準値には何の根拠もない。海外と比べてきびしすぎる基準で一九六〇万人が予備軍とされた。

（『テレビじゃ言えない健康話のウソ』文藝春秋）

いかがだろうか。数値に振り回されるのは考えものだ。

それでもまだ心配な人には、私は自分の病歴を話してみる。私は大腸ポリープ、胃ガン、膵臓ガン、白内障、膝《ひざ》の関節炎などなど、いくつもの病気を患ったが、ふさぎ込んだことはない。「人間、死ぬときは死ぬ」と、若いときから思っている。「中性脂肪値が一五〇〇ある」と自慢するのもどうかと思うが、血液検査での数字など極端でないかぎり、あまり心配しないほうがいい。私はよく肉を食べるせいか、総コレステロール値は高く三〇〇近いが、それでもそれをオーバーしなければいいだろうくらいに思っている。血圧だって下の数値が一〇〇以下なら、よしとすればいい。あまり数値に惑わされないことだ。

心配性を治せる名医や特効薬はない

だが、そんな私でも、膵臓ガンが見つかったときには、手遅れの場合が多いといわれるだけに、少々ビビりはした。だが、早期発見と幸運にも腕のいい医者にめぐり合うことができたおかげで、無事に治療を終えた。

手術後、病院のベッドに横たわり、暗い病室で眠れないときなど、「もし転移していたら、どうしよう」と弱気な思いが頭をよぎったことはあった。だが朝が来て、病室の窓から明るい太陽が見えると、「オレは死なないし、まだ死ねない」と思った。

とくに根拠はない。いえるのは「気合」だけだ。名医にめぐり合ったことは間違いのない事実だが、この気合がなかったら、完治しなかったと私は本気で思っている。「病は気から」とはよくいわれることだが、これは真理だと思う。

そんな私だから、医者にこういわれた。

「あなたは大丈夫です。憎まれ者、何とかっていうじゃないですか」

口が悪くて楽天的で、明るい私に向けられた最大級の賛辞だと思ったものだ。

九八歳で亡くなった作家の宇野千代さんは、多くの男性と情熱的な恋をし、奔放な人生を生きたが、とにかくプラス思考の人だった。残した言葉にそれが表れている。

「仕事は楽しんでするのが鉄則」

「私は幸せを撒《ま》き散らす花咲かばあさんになりたい」

「暗い人とつきあってはダメよ。うつるから」

とことん、ふさぎ込むことを嫌った女性だ。

「病気になったら、私がいちばん最初に気をつけること。それは、どこの病院に行こうかということではなく、何の薬を飲もうかということでもなく、一日中、病気のことで頭をいっぱいにしないこと」

私もまったく同感である。素人が悩んで病気が治るものなら、ドクターはいらない。いざとなったら、ドクターに任せる。そう単純に考えればいいことだ。ただし、覚えておいたほうがいいことが一つだけある。

心配性だけは、どんな名医も治せない。治せるのは患者自身だけだ。

ヤセすぎは悲観主義者になりやすい？

粗食の人は暗い？

人間はとにかく面白い。いいヤツ、悪いヤツ、頭のいい人、頭の悪い人、いろいろいるが、つきあい方さえ間違えなければ、それぞれ自分にとって勉強になること、役に立つことがある。だから、私は人に会うことが大好きだ。

風評のあまりよろしくない人であっても、一度は会ってみる。その人に対する他人の評価や好き嫌いには惑わされないようにして、自分の目で確かめることを私は人づきあいの第一主義にしている。

そんな私だが、ちょっと苦手なタイプという人がいないわけではない。

いわゆる「ピリピリ」「イライラ」「ギスギス」といった形容詞で評されるような人

だ。つねに眉間《みけん》にしわを寄せ、ちょっとした他人の言動に対しても露骨に不快感をあらわにする。そういう人は万事そんな調子だから、まわりの人からは「神経質」「暗い」「怒りっぽい」などと陰口をたたかれる。

自分では真面目で論理的、正義感が強い、ストイックなど、それぞれに自分の特徴を長所と思っているのかもしれない。だが、まわりの人間にとっては、それが迷惑になる。偏見と思われるかもしれないが、こういうタイプの人は、なぜか極度にヤセたイメージが強いように感じる。私の経験上も、ヤセ形の人が多かったと思う。そんなふうに感じるのは私だけだろうか。

だが、『ウソだらけの健康常識』、『長生きしたけりゃテキトー生活を送りなさい！』などの著書がある奥村康《おくむらこう》順天堂大学医学部名誉教授は、うつ病、自殺願望の強い人は、相対的にヤセている人が多いと述べている。あながち、偏見だけでもないようだ。見た目から、そうした印象を与えやすいのかもしれないが、私のつきあいのなかでも、なぜかヤセ形の人は物事を悲観的に考える傾向があるようだ。

私見だが、ヤセ形人間は相対的に食べることに淡泊か、あるいは腸の弱い人が多いような気がする。暴論といわれそうだが、食が細くて粗食の人に、底抜けに明るい人はまずいない。どちらかというと暗い人が多い。

大腸は「第二の脳」といわれるほど、人間の健康にとっては重要な臓器である。NK細胞をはじめとする免疫細胞を活性化させるには、大腸の健康が重要だ。つまり快食、快便と心の在り様は、密接な関係にあると私は思う。美味しいものを食べて楽しみ、大腸がきちんと機能していれば「ピリピリ」「イライラ」「ギスギス」は解消できると思っている。

体も心もヤセていないか

真面目は非難すべき人間の特質ではないが、その言葉の冠に「クソ」がつくとちょっと厄介だ。なかには、そのクソ真面目さを他人にまで求めてくることがあるから困る。仕事などでもそれが表れる。

・トラブルに対してやたらと悲観的になる

・論理的整合性ばかりを追求する

・些細なミスにこだわる
・動揺を煽《あお》る

そして、「ピリピリ」「イライラ」「ギスギス」を前面に押し出してくる。仕事だから、いい加減であってはいけない。それはわかる。重大なトラブルや難題に対して、無責任であってはいけないのは重々承知しているが、行き過ぎた悲観的な態度や表現が解決のために有効かといえば、逆なのだ。

得てして、こうした過度の悲観主義者は感情的になって、解決がいかに困難かを分析してみせ、さらにはそれを強調し、あろうことかその事態を発生させた犯人捜しに情熱を傾けることもある。難局打開の方策は二の次になりがちだ。

図太い人間は、こういうときこそ楽観的に振る舞う。しかし、まるで能天気なのかといえば、そうではない。その現状については十分に把握している。ただ、それを表面に出して強調してもよいことがないのを知っているだけ。「顔で笑って、心で悩んで」解決策を見出そうとしているのである。実は、こちらのほうが器量の大きさを求められる。

「悲観主義者は風に恨みをいう。楽観主義者は風が変わるのを待つ。現実主義者は帆を動かす」

一九世紀イギリスの哲学者ウィリアム・アーサー・ワードはこんな言葉を残している。これに従えば、物事の否定的な部分ばかり見ている人間は、人生という航海において優れた船長にはなりえない。いい船長は、どんな強風にも泰然自若としている。

長い人生航海においては、食べること、つまり生きることに貪欲《どんよく》でなければならない。体も心もヤセすぎでは、船酔いにも負けてしまうではないか。

政治家の図太さを見習え

つまらない優等生になっていないか

「坊主憎けりゃ、袈裟《けさ》まで憎い」

ある人物を嫌いになると、その人間に関係することすべてが嫌いになる。そういう意味のことわざだが、人間関係においては、こういうスタンスはよくない。

私は折あるごとに、たくさんの人と会う機会をつくりなさいと述べているが、それは自分の気に入った人間ばかりに会いなさいといっているのではない。あまり快く思っていない人間も含めての話である。

反面教師という言葉があるように、自分がそうなってはいけないという「悪いお手本」を観察する意味でも、役に立つことがある。

もう一つの意味もある。それは、快く思っていない人間のなかにも「ここはすごい」という点を見つけることがあるからだ。

たとえば、いまだ世間を騒がせている「オレオレ詐欺」なども同様だ。そんな犯罪に手を染めている輩《やから》は断じて許せないし、被害にあった高齢者は気の毒だと思う。だが、不謹慎の誹《そし》りを受けそうだが、テレビや新聞の報道などでその手口を知ると「よくもまあ、悪知恵が働くものだ」と妙な感心をしてしまうことがある。そしてこうも思う。

「そのエネルギーを真っ当な仕事に費やせば、そこそこの成果が上げられるだろうに、もったいない」

詐欺師と同列に論じるつもりはないが、政治家のバイタリティにも感心する。

「どいつもこいつも」とまではいわないが、最近の日本の政治家には、魅力を感じさせる人物が少ない。

「政治家に倫理を求めるのは、八百屋で魚を買おうとするようなもの」

こういったのは竹下登《たけしたのぼる》元首相だ。

正直なところ、私は政治家に清廉潔白などは求めない。とにかく「コイツはすごい」と思わせるような人物に登場してもらいたいという思いのほうが強い。何となく、みな優等生たらんとする小物の政治家ばかりになってしまったような気がする。

だが、総じて政治家のバイタリティはすごいと思う。選挙のときのあの行動力は、体力のない人間には無理だろう。

たとえば総理大臣の日程などもそうだ。三大新聞などには、毎日、総理大臣の一日の行動が事細かく掲載されているが、ほぼ午前八時過ぎから夜の九時くらいまで、分刻みで何十人にも及ぶ人間と面会している。いつも頭を使っているかどうかはともかく、少なくとも、ボーッとしている時間はなさそうだ。それを毎日こなす体力、気力はすごい。

報道などで知るかぎり、政治家の朝はかなり早いし、要職に就けば土曜、日曜日もスケジュールがびっしりと詰まっている感じだ。

食欲も人間関係も制限しない

そんな政治家のパワーの源は、何といっても食欲だろう。

人によってまちまちのようだが、ほとんど毎晩、誰かと料亭やホテルなどの一流店で会食している。体力もさることながら、その胃袋もなかなかタフでなければ務まらないようだ。歴代の首相のなかには、常軌を逸したその旺盛な食欲とグルメぶりを揶《や》揄《ゆ》された御仁もいる。

だが、自分のお金、もしくは正当なお金で美味しいものを食べているなら、それはそれで結構なことだと思う。

私自身、かなりの食道楽だ。たとえば「今日は鰻が食べたい」と思えば、スケジュールがタイトでも何とか時間をつくって鰻屋に行く。「ステーキが食べたい」という場合も同じ。どうしても時間が取れなかったときは、デパートの食品売り場に駆け込んで美味しそうな肉を買い求める。

「どうして、そこまで食べ物にこだわるの？」

カロリー制限をしなければならない妻は、あきれ顔でそういうが、私にとって美味しいものを食べることは生きている証《あかし》といってもいい。安月給だった若いころも、美味しいものを食べられるように、新聞記者の仕事とは別にアルバイトの原稿書きに精を出した。

かかりつけの医院のドクターは、こってりしたもの、カロリーの多いものは控えめにと忠告してくれるが、うなずくだけである。医学的にどうかはわからないが、何かを食べたいと感じるのは、自分の体がそれを求めているのだと信じて疑わない。若いころから、そうやって胃袋の声に素直に従って、食べたいときに食べたいものを食べてきた。

政治家に感心するのは、その旺盛な食欲ばかりではない。一般的なサラリーマンなら定年退職で第一線を退くような年齢でも、まだまだ元気な人が多い。こればかりは見習っていい。自ら「暴走老人」を名乗った故・石原慎太郎《いしはらしんたろう》氏など、その典型だったであろう。

もちろん、政治家に見習ってはいけないこともたくさんある。

辞めるといってなかなか辞めない、往生際が悪い、金に汚い、悪事についてはすべてを秘書に押しつける、失言すれば「真意は違う」と臆面もなくいう、真顔で白を黒という羞恥心《しゅうちしん》のなさ、選挙が危ういとなれば政策も関係なく政党を鞍替《くらが》えする。数え上げればキリがない。だが、少なくとも彼らに共通するバイタリティだけは見習いたい。

一般社会でもこれは同様、人間関係において、イヤだ、嫌いだとつきあいを狭めていると、知らず知らずのうちに自分の器が小さくなる。人間関係においては「清濁併せ呑《の》む」という度量が求められる。そして「濁」を呑んだときに腹を壊さない体力を、ふだんから鍛えておくことだ。

人間関係で多くのことを学ぶためには、憎い坊主の袈裟を褒めるくらいの図太さも必要なのである。

「ウンチとのつきあい方」で健康がわかる

必要ないものは「とっとと出す」にかぎる

「今日は体の調子がいい」

私にとって、それをもっとも強く感じさせてくれるのは、何を隠そう「快便」である。快食、快便、快眠は私の信条だ。そのなかの「快便」だが、私はとくに大きいほうに関してはかなり気をつけている。

「私、ウンチが出ないから撮影を中止してもらったことがあるの」

名前はもちろんいえないが、かつてある女優さんからそういわれたことがある。あまりにも唐突で、美人女優であることとその言葉のギャップに驚いた。だが、さらりと「ウンチ」という言葉を使った彼女に、それ以来、より好感度が増した記憶がある。

めったにないことだが、私自身も便秘気味だと、どうも心も体も調子が悪い。

・体が重い

・眠い

・ポジティブになれない

医学的に解明されているかどうかはわからないが、何となくそんな「症状」が出てくる。女性は便秘だと肌の調子が悪くなるというが、もしかして、その女優さんも私と似た感覚の持ち主だったのかもしれない。

体が重いということに関しては、誰にも共通することだろう。必要のなくなったものを体内にとどめ置いているのだから当然だ。

便秘と眠気の関係については、知り合いのドクターがこう解説してくれた。

「人は満腹感を感じているときは、その満足感から副交感神経が優位に働きます。簡単にいうと、副交感神経優位の体内モードでは、体の多くの部分がリラックスしている状態です。それが眠気を呼び起こすわけです。その一方で、消化器官だけは消化を促すために活発に活動しています」

満腹の状態と便秘の状態は決して同じではないが、消化器官内にムダなものがたまっていることで、眠気を催すことになるというのである。

私も、どうしようもなく眠気を感じるようなときでも、快便の後ではウソのように眠気がなくなる。もちろん体も軽くなるし、眠気が失せれば仕事でもプライベートでも、ポジティブな気分になってくるというわけだ。

そんな私だから、腸内に少しでも「ムダなもの」の気配を感じるとトイレに入り、廃棄するよう心がける。量的にはわずかであっても、便秘回避には有効だと感じるからだ。そればかりではない。つねに「便のチェック」は欠かさない。尾籠《びろう》な話で恐縮だが、便の量、色、形態などをさりげなく観察する。自分が取った食事の量、胃や腸の状態などから考えて、便に異常がないかを自分なりに観察するのだ。したがってあまり早く水洗で肝心の便が流れてしまっては困るのだ。

シャンソン歌手の越路吹雪《こしじふぶき》さんも、毎朝、夫の便をチェックして健康状態を気遣っていたという。

快便維持で体も心も軽くする

「しっかりウンチが出たときの快感ったら、何ものにも代えがたいわ！」

先の女優さんがアッケラカンといっていたが、私も同感だ。他人のそれは見たくもないが、自分のそれなら観察することに抵抗はない。健康状態に太鼓判を押してくれる排泄物が、水に流されて去っていく姿に「ありがとう」と頭《こうべ》を垂れたいほどの気分になる。

私にとっては、快便が健康のバロメーターだといっていい。少しでも便意を催したら小まめにトイレに行く。「空振り」や期待を裏切る結果であっても行く。さらに、快便維持のために私が実践していることを紹介しよう。

・腹八分目を心がける
・食べすぎたと感じた翌日には、食べる量を控える
・炭水化物はほどほどに
・就寝一時間前に少量の乳酸飲料、乳酸食品を取る

・寝る前と起床後には水分を取る
・昼間も水分を十分に取る

前述のドクターによれば、便は大腸に長く滞在していると水分が大腸に吸収されて、どんどん硬くなるという。とくに「出口」付近にそれがあると便秘を誘発する。だから、便秘を防ぐためには、いくらかでも出口の便を排出しておくことが大切だというのである。そのために水分を取ることは便秘回避に不可欠らしい。

たしかに日常的に便秘を訴える人は、「どうせ出ないから」とトイレに行くことが少ないような気がする。実感として「チョボチョボ」でもいいから小まめにトイレに行くのがいいのではないだろうか。

体の中のムダな荷物は少しでも捨てる。これが快便維持法である。

「眠り上手」は仕事ができる

快眠は快適生活の必須条件

快便の次は、快眠。

「寝る子は育つ」といわれるが、私自身、子どものころからよく寝ていたせいか、同世代のなかでは身長は高いほうだ。その習慣はいまも変わっていない。

「何を怒っているの？」

忙しい日々が続いて寝不足状態だと、よく妻からそんなことをいわれる。怒っているわけではないのだが、知らず知らずのうちに機嫌が悪くなってしまうようだ。

逆のこともある。

「こんな大変なときに、よく寝ていられるわね」

家でいくらか厄介な問題が持ち上がったときなども、そういわれる。疲れた体と頭では妙案など浮かぶはずがないと思っているから、疲れを取ることのほうが先決なのだ。だから、眠ることについてはけっこう貪欲である。眠くなったら、どこでも眠る。眠るにも体力はいる。年を取ってくると眠りが浅くなるが、それだけ体力が衰えた証でもある。赤ん坊なんかは一日中、眠っている。

「心配事があって眠れないからと、眠れないことをさらに悩む人がいますが、私には理解できません。眠れなければ、寝なきゃいい。そのうち眠くなりますよ」

かつて、仕事でインタビューしたことのある人物がそんなことをいっていた。裸一貫からスタートして、一大小売りチェーンを成功させた経営者である。たしかにその通りだろうが、これもまた気力と体力のある人物であるからこその言葉といえる。それが彼の成功の原動力だったのだろう。

とはいえ、体力、気力がみなぎる一〇代、二〇代はともかく、ある程度の年齢に達すると、きちんと睡眠を取らないと健康面、精神面にいい影響は与えない。

一日の肉体的疲労、精神的ストレスはその日のうちに解消してしまうにかぎる。そのために必要なのが「快眠」なのだ。夜は一〇時に寝て朝は六時に起きるべき、などとはいわないが、一定の睡眠時間の確保は快適な日常生活の必須条件だ。

食生活や運動には気を使っても、仕事人間は睡眠をなおざりにしがちなもの。日本人の平均睡眠時間は年齢によって異なるが、壮年期の必要睡眠時間は七時間といわれる。七時間未満だと、七時間以上の人に比べて、不安、緊張、疲労に見舞われることが多いともいわれている。

睡眠導入剤を上手に使う

とはいえ、そんなに睡眠時間が取れない、仕事やプライベートの悩みなどで眠れないというのは誰にでもあることだろう。そこで、眠れない夜が続くような人におすすめしたいのが、睡眠導入剤の服用である。

睡眠導入剤の助けを借りて眠るなどというと、まるで麻薬に手を出すような罪悪感を覚えてしまう人もいるかもしれない。だが、私が懇意にしているドクターは、そんな考えを真っ向から否定する。

「眠りたいのに眠れないのであれば、無理をせずに睡眠導入剤を服用すべきです。馴染みのドクターに相談して、自分の体に合ったもの、依存性や習慣性のないものを処方してもらえばいいのです」

そのドクターいわく、昔はともかく、現在処方されている睡眠導入剤はほとんど副作用がないという。睡眠導入剤は体に悪いという間違った固定観念から服用を拒むことは、ナンセンスだともいう。眠れずに悩み続けることのほうが、健康にはダメージが大きいと断言した。

私自身、眠れないほどの悩みがあるわけではないのだが、すんなりと眠りに入るために日ごろから睡眠導入剤を服用している。そのきっかけは、旅先などで寝床が変わると寝つけないことがあったからだ。

講演や取材、あるいは旅行先のホテルや旅館では、疲れていても寝つけないことがしばしばある。これは誰にでも経験があるだろう。そこで、ドクターに相談して処方してもらったのである。最初は、睡眠導入剤がなければ眠れなくなってしまうのではないかと、いささか心配した。しかし、それは杞憂《きゆう》にすぎなかった。

かつて、一部の若者の間で「睡眠薬遊び」とか「ラリる」などと睡眠薬を悪用する風潮があったが、きちんとした服用ならまったく問題はない。いまでは、睡眠導入剤といいつきあいをしている。

快便がその日一日の快適な気分を生み出してくれるように、快眠にも同様の効果がある。もし、なかなか眠れないというのであれば、そのために薬の力を借りるのもいい。あえて固有名詞を挙げれば、「ハルシオン」より習慣になりにくい「マイスリー」を私は服用している。しかも毎晩飲むのは半錠で、それでも眠れないときは残りの半分を飲む。これでぐっすりだ。

「寝るのが大好きで、毎日一二時間は寝る。だから僕は健康なんだ」

『ゲゲゲの鬼太郎』の作者だった水木《みずき》しげるさんが、以前テレビでそんなことを話していた。一日一二時間の睡眠とは、かなり体力があるのだろう。水木さんが睡眠導入剤を服用しているかどうかは知らないが、戦争で左腕を失くすという漫画家としてのハンディキャップを克服し、九〇歳を過ぎてもなお漫画を描き続けたというバイタリティの源は、よく眠ることなのではないか。

人によっては、自分に合った睡眠時間が四時間であったり五時間であったりするが、その時間の長さは個々人で違う。自分が快適と思える長さでいい。

「疲れたら、たっぷり眠れ」

ニーチェの言葉だが、疲労回復には間違いなく快眠が効く。

仕事が忙しいときでも泰然としていて、いますぐ解決できない難問にぶつかれば「それは明日考えよう」とサッサと切り上げる。そういう臨機応変さが大切だ。

あなたのまわりにもそんな切り替え上手な人はいないだろうか。私の知るかぎり、仕事のデキる人間は、いい図太さ、そして「眠り上手」が多いようである。

「心の深呼吸」ができますか

プロ野球審判の怒りの制御法

いつもニヤニヤしている人間もどうかと思うが、いつも怒っている人間とはあまりつきあいたくない。かくいう私も、いくらか怒りっぽいところがあることは否定しない。だが、怒るときは怒る、怒らないときは怒らないというメリハリは心得ているつもりだ。

怒るのは何より体によくない。血圧が上がる。

ゴルフで、「このパットが入ったらバーディだ」とか、ステキな女性との出会いやデートで血圧を上げるのはかまわないが、つまらない怒りで血圧は上げないほうが身のためだし、精神衛生上もよろしい。

「レフェリーっていう職業は、大変だな」

球場へ行ったときやテレビの野球観戦でもそう思うのだが、とくにラグビーやサッカーの試合を見ていると感心する。なぜなら、彼らは怒らないからである。

ラグビーやサッカーは、直接的なボディ・コンタクトがあるスポーツなだけに、選手も激しくエキサイトしやすい。熱くなって暴言を吐いたり、暴力に訴えたりすれば、退場させられることもあるし、ことによったら何試合かの出場停止、永久追放もある。それだけに、選手を冷静にプレーさせるためにも、レフェリーの役割は大きい。

オリンピックなどでも、首を傾げたり、「違うだろう！」と突っ込みたくなるようなジャッジも少なくないが、それでも、一触即発と思わせるような局面でも、選手を引き離し、穏やかな表情で対応するレフェリーを見ていると「偉いなあ、とても自分にはできないな」と感心する。

「語弊があるかもしれませんが、球場に一歩入ると精神的に男であることを忘れるように訓練されているのかもしれませんね。『ひととき去勢状態』ですか」

長い間、プロ野球の審判を務めた篠宮慎一《しのみやしんいち》さんが、そんなことをいって笑った。野球審判の苦労を明かした『誰も知らないプロ野球「審判」というお仕事』(徳間文庫)という本の著者でもある。野球ファン必読の書だが、その篠宮さんと一度、食事をともにしたときの言葉だ。

たしかに野球の審判、ラグビーやサッカーのレフェリーがことあるごとに怒っていたら、仕事にならない。そう考えてみると、怒りには、自分の信念に基づいて許さないという怒りと、自分の意に沿わないことへの怒りという二種類の怒りがあるようだ。何でもかんでも怒る人というのは、その区別がついていない。つまり、人生には本当に怒っていいことと、怒っても仕方のないことがあるということ。

もちろん、法律や誰もが守るべきモラルが破られたときは怒るべきだ。だが、仕事やプライベートな人間関係では、怒りをこらえて我慢するしかないことのほうが多い。

メンタル面を整える深呼吸

極端な例を挙げれば、肉親が事故の被害者になるというのは前者。出世が遅れた、好きな人にフラれたなどは後者である。怒りに任せて行動すれば、結局、自分が損をするだけなのだ。これを自暴自棄という。

私のもとにも、そんな自暴自棄寸前の相談メールが多数寄せられる。その多くは、会社の上司とのもめ事に関することだ。文面から判断すれば、同情すべきものもあるが、自分本位な見方だったり、少し我慢すれば展望が開けそうな場合も少なくない。

そういう相談に対しては、「頭を冷やしなさい」「一年間くらいは我慢しなさい」「相手の立場になって考え直しなさい」「相手をバカだと思いなさい」「肩書だけの人形だと思いなさい」「まず自分で成果を上げなさい」など、できるかぎりそのときの状況に即した言葉で自制を促す。そして、それができなければ、たとえ会社を辞めても同じことの繰り返しだと諭《さと》す。

なぜなら、そうした相談は、ほとんどが一時的な怒りに任せたものであるからだ。

そして、そんな怒りからの行動で損をするのは、結局自分だからである。

とにかく、怒りを忘れるのが先決。そんなことはなかったことにしてしまうのが、いちばんいい。怒りをいつまでも持続していれば、ストレスで圧死状態にもなる。とにかくできるだけ忘れる努力をすることだ。

世の中には「却下される異議申し立て」のほうが多いと心得るべきである。

「汝《なんじ》の血を冷かにせよ、汝の血を冷かにせよ、何れの場合なるを問はず、怒は人を服する所以にあらざればなり」

森鷗外がエリート陸軍軍医であったころ、東京から九州への転勤を命じられたときに綴《つづ》った言葉である。

人生には、自らの血を熱くたぎらせる局面はあるだろう。だが、のべつ幕なしにあるわけではない。図太い人間は、その選択を間違えることはない。

「しつこく抗議する監督や選手に、この野郎って思うことはありますよ。でもそんなときは、一回深呼吸するんです。怒りが消えていきます」

篠宮さんは、穏やかな表情でそういった。

血圧を気にしている人は、いざ測定という段になって、血圧が上昇することがある。緊張するからだ。だが、一度深呼吸するとウソのように平常値に戻る。

怒りは体ばかりか、心の血圧も上昇させる。図太い人間は「心の深呼吸」がうまいのだ。

医学との正しいつきあい方がある

かかりつけの医者を持つ

「病は気から」というが、精神的にどんなに図太くても、健康を害することは誰にでもある。巷《ちまた》にあふれている健康情報に左右されるような生き方は感心しないが、病気になったときの対応は、ふだんから考えておいたほうがいい。

私自身、これまでいくつかの深刻な病気を経験したが、いずれも完治して、いまでは健康な生活を送っている。まあ、運がよかったのかもしれない。

日ごろから体調には気を使っているが、「体がだるい」「熱がある」「風邪かな」などという症状が出ると、まず手元にある市販薬を服用して早めに床に入る。睡眠を十分取るようにして、自分自身の体力での回復を願うが、それでもよくならないときは、かかりつけの開業医へ行く。この過程は、たいていの人がやっているだろう。

私には、自宅にも仕事場の近くにも、かかりつけの医院があり、風邪をこじらせたときなどはそこへ行く。市販薬と違って効果的な薬を処方してもらえるうえ、カルテがそこに残るので、今後も何かと役に立つと思っているからだ。血液検査の結果も、その医院にあればなおいい。

ただし、開業医はベテランの医者がいることが条件で、患者の顔も見ないでパソコンの画面ばかりのぞいているような医者は私は避ける。

以前、わが家近くのクリーニング屋の親父さんが風邪を引いて、かかりつけの医院に行った。風邪そのものは大したことはなかったが、「あなた、そのほお骨のところにできている、黒ずんだできものはどうしたの？」といわれ、「何かわかりませんが、ここ二、三カ月で少し大きくなったようで……」「一度、皮膚科で診てもらったほうがいいよ」といった会話を交わし、さっそく皮膚科に行ったところ、そこで皮膚ガンとわかった。即座に手術をして、転移もなく無事に完治したという話を聞いたことがある。

このような名医ならいいが、患者の顔を見ず、したがって顔色の判断もできないような医者では、手遅れになる可能性もあるから用心したほうがいい。

一方、情報過多の昨今、患者が素人判断で注文をぶつけてくるので、「何事にも大げさに取り扱う医療記事に迷惑することもありますね」と苦笑する内科医もいる。

患者としてのマナーをわきまえよ

医者にかかる患者の姿勢にも、問題があるのだ。

「『なぜ注射をしてくれないのか』と、怒り出す患者さんもいます。年配の方に多いのですが、大昔に注射をしてもらって症状がよくなった経験があるんですね。いまは注射なんかめったにしません。少し前までベストとされていた治療法も、それを超える治療法が確立されたり、新薬がどんどん出てくる。医療も日進月歩ですからね。患者さんにお願いしたいのは、医者を信じてほしいということです」

素人が、生半可な知識で判断をしないほうがいいのは確かだ。

また、私の知り合いのある医者は、病状を診察し、ていねいに症状と治療法を説明している最中に、患者のバッグからＩＣレコーダーの赤いライトが見えるときがあったとか。医者の説明を録音しているのである。医療ミスなどが話題になったので、訴訟沙汰のときの証拠にでもしようというのだろうか。

「そんなに信用できないのなら、ほかの病院に行けばいいのにとは思いますが、気づかないふりをしていますよ」

話を聞いた私も、思わず苦笑いである。

その医師は、素人療法の過ちを憂《うれ》いながら、以下のような注意点を指摘してくれた。

・市販薬は危険こそ少ないが、効果に大きな期待は禁物

・かかりつけの医院（ホームドクター）を持つこと

・医院と病院を使い分ける

薬品会社の商売を邪魔するわけではないが、市販薬は種類や量を間違って服用した場合を想定し、対象の病状に効果のある成分の量が抑えられているという。薬効成分といっても量を間違えれば劇薬だ。だから市販薬は厳しい規制がなされている。軽い症状ならば市販薬に頼ることもできるが、過度の期待をしてはいけないということだ。

また、健康で長生きを望むなら、医者の選び方と同時に医者との上手なつきあい方

も大切である。それには、かかりつけの医院や病院＝ホームドクターを決めておくべきだろう。まったくの初対面で、医者と相対するよりは気が楽だ。医者も同様だろう。

かかりつけならカルテが保存してあるから、それまでの病歴、検査のデータなどもそろっている。継続的な健康状態を医者も把握しやすい。また、いざというときに大学病院や大きな総合病院への紹介もスムーズになるだろう。

さらに、近くのかかりつけ医院は必要だが、手術などのときは病院へ行くべきだ。それもなるべく設備が整っている病院がいい。

私自身、白内障のときには近所の眼科医でなく病院を選んだ。いま白内障の手術は手軽で、日帰りでも十分だが、一応、手術である。いつ、どんなときに大量出血などが起こるかわからない。そんなとき、外科、内科、麻酔科とすべてがそろっている病院のほうが安心である。医院と病院の使い分けも大切なのである。

精神面の図太さは、自覚と努力で培うことは可能だが、健康状態のそれはまったく別だ。これればかりは、素直に病気の専門家に担当してもらったほうが身のため。健康状態が不調なら、精神面でも不調に陥りやすい。「気は病から」も真理なのだ。

たまには熱くなれ、大声を出せ！

夢中になれることがあるか？

「ふさぎ込んで、うつ状態に陥った人でも、何か一つ夢中になれるものがあると、症状を深刻化させずに回復するケースがあるんです」

以前に取材した心理カウンセラーが、そう述べていた。

「荒波に放り出されても、浮き輪を一つ見つけてつかまれば、かなり冷静になれる。まわりを見渡して船や島の影を探したり、ほかの遭難者がいないか確認する余裕も生まれる。夢中になれるものとは、いうならばその浮き輪のようなものですね」

わかりやすいもののたとえ方だと感心した。

私自身、うつ症状に陥ったことはないが、それでも仕事がはかどらないとき、プライベートで難問を抱えたときなど、いくらか滅入ってしまうこともある。

そんな心理的な症状から立ち直るために、私は好きなことに熱くなって大声を上げることにしている。その手段の一つが野球観戦である。

若いころから「ヤクルトスワローズ」のファンだ。若い人は知らないかもしれないが、前身の「国鉄スワローズ」時代から応援しているから、かなりの年季が入っている。

国鉄スワローズといえば、真っ先に思い出すのが「金やん」こと金田正一《かねだしょういち》投手。前人未到の四〇〇勝を挙げた大投手である。いかんせん、金田投手はがんばっていたが、チームは万年最下位だった。

私がスワローズファンであることを知っている友人が、年に何回か神宮球場のチケットをくれる。私の影響もあってか、スワローズファンになった妻と連れ立って応援に行く。友人はどこで手に入れるか教えてくれないが、ネット裏のとてもいい席である。

また、ネット裏ももちろんいいが、私のような熱狂的ファンとしては、外野席も捨てがたい。一生懸命プレーをしている選手には悪いが、「何がエースだ！」「コラ！下手くそ！」「二軍に行ってしまえ！」などと、大声で野次を飛ばすのも、プロ野球観戦のもう一つの楽しみである。これは外野席でしか経験できない。

選手には申し訳ないが、たまには、無責任に「バカ野郎！」と大声を上げるのも気持ちがいい。ストレスの解消にもなる。

近年は視聴率の低迷で、某金満球団でもテレビ中継が激減したため、スワローズの試合をリアルタイムで楽しむためにはラジオ中継か、直接、球場に足を運ぶしかない。

ホームの神宮球場はドーム球場ではない。だが、これがまたいい。昼は青天井のもと、夜は星空の下で大声で贔屓《ひいき》チームを応援する。夏なら花火が打ち上げられたりもする。ネット裏近くにいれば、選手は間近だし、ゲームばかりか、直に熱狂的ファンの声援やため息が聞こえてくる。

必要なのは、まず浮き輪

球場に足を運べないときは、夜のスポーツニュースで試合のダイジェストを楽しむ。

昔、フジテレビ系で放送していた『プロ野球ニュース』という番組が大好きだった。プロ野球に特化した番組で、たしか平日は佐々木信也《ささきしんや》氏、週末は土居《どい》まさる氏、押阪忍《おしざかしのぶ》氏、はらたいら氏、みのもんた氏などが代々司会を務めていた。それまではゲームの結果などしか伝えなかったプロ野球について、掘り下げた内容でファンを楽しませてくれた。

いまもその時間帯にはスポーツニュースが放映されているが、スポーツ全般を扱う構成になっている。根っからのプロ野球ファンとしては、「プロ野球ニュース」でなくなったのは寂しいかぎりだ。

それでも、スポーツニュースがかつてのように「ジャイアンツ一辺倒」の風潮がなくなったのは喜ばしいことだ。選手のほとんどが、「ジャイアンツ以外には行かない」などとはいわなくなった。ドラフト会議で上位に指名される有力選手も「指名されれば、どこでも行く」という。実にいい傾向ではないか。

四位指名を拒否して、大学卒業後に実業団入りしたジャイアンツの長野久義《ちょうのひさよし》選手、一年間浪人生活をした菅野智之《すがのともゆき》投手などは例外かもしれない。もちろん、選手の希望や夢を叶えられないドラフト制度に問題がないとはいえないが、目指す世界にその制度がある以上、甘んじてそれを受け入れるのが筋だろう。

そのうえで実績を残し、チームの中心選手になれば、ＦＡの権利を取得して希望の球団に移籍する方法もある。選手には、そんな図太さを期待したい。

話がそれてしまったが、私はスポーツ観戦やジャズのコンサートなど、ナマの現場で拍手喝采することでストレス発散もしている。

ふさぎ込んでいる人間に必要なのは、何か夢中になることだ。溺れた人間に「なぜ溺れたのか」と問うてみても役に立たない。必要なのは、まずは浮き輪だ。冒頭の心理カウンセラーがいうように、何かに熱中して大声を出したり、大騒ぎしたりすることはとても大切なことだ。

何かに熱くなることは、心と体の健康にもいい。

自分の笑いを「劣化」させないこと

笑いは人間だけに与えられたもの

　好きなことに夢中になっているとき、ときには大声を出して「よーし、いいぞ！」とか「これじゃダメだ！」などと叫んで、日ごろの鬱憤《うっぷん》を発散する。ストレス解消にもなる。いつも鬱々《うつうつ》とした湿っぽい心理状態でいると、なかなか前向きにはなれない。

　そこで、人生に必要なのが「笑い」である。動物学には詳しくないが、私が知るかぎり地球上の生物のなかで笑うのは人間だけだ。

「人間は笑うという才能によって、ほかのすべての生物よりも優れている」

　一七世紀イギリスのエッセイストで政治家でもあったジョセフ・アディソンという人はそんなことをいっている。

たしかに人間は、ほかの動物より知性や感情のメカニズムにおいては優れているかもしれない。だが、笑うことができるからといって、ほかの動物よりも幸せかどうかはわからない。

「人間だけがこの世で苦しんでいるので、笑いを発明せざるをえなかった」

ニーチェのそんな言葉もあるほどだ。

ニーチェにいわせると発明せざるをえなかった笑いだが、人間として生まれてきた以上、笑いを忘れてはいけない。つねにいい笑いを伴いながら人生を過ごしたいものだ。だが、最近は笑いの質が変わってきたように思う。

私は年に数回だが、落語を聴くために寄席に足を運ぶ。かつては、テレビでも落語を放映する番組があったが、いまではほとんど姿を消した。一話に三〇分以上も費やす落語は、現代のせっかちなテレビ界では受け入れられないのだろう。関東地域では高視聴率を得ている日本テレビ系の『笑点』も、登場するのは噺家《はなしか》だが、落語の本当の面白さを伝える番組ではない。

ナマの落語は本当に笑える。演題と噺家の技量にもよるが、筋書きがわかっていても面白い。心の底から笑った後で寄席を出ると、何ともいえない爽快感を覚える。心のジメジメ感もなくなる。

落語には芸があるが、テレビのお笑いにはそれがない。たんなるドタバタで笑いを取っているにすぎない。昔の「漫才」には、まだ話芸があったように思う。いまや、若手芸人につまらないギャグ連発でお茶を濁すようなバカ笑いが全盛だ。

そんな番組を面白いと思うことはほとんどない。テレビから聞こえてくる嬌声《きょうせい》とは裏腹に、憮然とした表情になっている自分に気づく。テレビではわざわざ、バックに笑い声や嬌声を流したりしている。イヤ味な演出である。

はっきりいって、面白くない。笑えないし、何よりも「笑いたくない」のである。逆に怒りたいと思うほどだ。視聴者は本当に面白がっているのだろうか。私の感性が鈍っているのか。いや、断じてそうではない。演劇評論家の矢野誠一《やのせいいち》さんも、新聞紙上でこんなことを述べていた。

「バラエティ番組でギャグを連発する芸人たちに、磨き抜かれたプロの芸は見られない。体当たりで演じてハプニングを誘う。罰ゲームで痛がるのを周りの出演者が手を

たたいて笑いころげる……。こんな演出でも視聴率を稼げるところに問題がある」（日本経済新聞二〇一二年一一月一〇日）

私も同感である。

本当におかしいときだけ笑えばいい

矢野さんが指摘する背景には、次の二点があるように思う。

「制作者側の笑いへの理解の浅さ、企画力の貧困さ」「視聴者の付和雷同的笑い」

つまり、作り手と演じる側の見解に、「適当に作ったって、適当に演じたって、視聴者が適当に笑ってくれて、視聴率が適当に取れて、スポンサーが適当に喜んでくれればいい……」。こんな本音が潜んでいないか。

一方、見る側にも問題はある。「ここは笑わなければいけないんだな。笑わないと仲間外れになる。だから笑おう」。こんな心理が働いているのではないか。

私は天邪鬼《あまのじゃく》すぎるのだろうか。そうではないはずだ。本当は面白くないことでも、見る側が笑えば、演じる側もそれでいいとカン違いするのではないか。矢野さんも同様の指摘をしている。

「力のない薄っぺらな笑いばかりだが、芸人は観客の映し絵で、笑いの劣化は見る（笑う）側が作り出している面もある。小劇場でも、若い客は何で笑うのかと思う場面でもゲラゲラ笑う。彼らは共通体験を求めており、笑っていないと不安なのではないだろうか」（同）

悪循環である。自分の料理に自信のないシェフが、陰で化学調味料を振りかけて客に供するようなもの。客の舌が肥えていれば、怒ってイヤ味の一つでもいうはずだ。

「美味しいですね。これ、どこの化学調味料ですか？」

そんな料理を、まわりが美味しいといっているからと、自分も「美味しい」などといっていれば、いつか舌も麻痺してくるに違いない。

毎年恒例の流行語大賞は、お笑い芸人のギャグが選ばれることが多い。私には少しも面白くないが。そして選ばれた言葉もいつの間にか消えていく。最近の笑いが心に届かない上っ面なものであることの象徴のようだ。

とにかく、笑いたくないときは、追従してまで笑わないことだ。自分の感性で面白いときには笑い、つまらないときには笑わなければいい。

笑うことは体にいいとはいうが、こんな付和雷同するような笑いを自分に許していると、知らず知らずのうちにフヤケた顔になってしまう。一度、自分の顔を鏡で見てみるといい。大丈夫か。笑いの劣化は人生の劣化につながる。

いい男、いい女には、いい笑顔がつきものだ。

第４章

図太い人間は、戦い方がわかっている

こんな人間は挫折を克服できる

「二枚腰」を身につける

戦国大名、毛利元就の「三本の矢」の話は有名である。

矢は、一本では簡単に折れてしまうが、三本まとまると折れない。三人の息子である隆元《たかもと》、元春《もとはる》、隆景《たかかげ》を前に、元就は自ら矢を手に取り示して見せたという。一人ひとりの力は弱くても、三人まとまれば強い敵にも勝てるということを、矢にたとえて教えた逸話である。

図太い人間が、この三本の矢より強いかどうかはわからないが、間違いなく折れないものを持っている。それも心の中にである。

・めげない

・怯《ひる》まない
・諦めない
・暗くならない
　これが「折れない心」の要素である。

とはいっても、感情の動物である人間だから、めげることも、怯むことも、諦めることも、暗くなることもある。つまり、心が折れそうになることもあるのだ。誰でも、それほど強い心を持っているわけではない。だが、心が完全に折れてしまうと、なかなか立ち直れない。

　そこで、こう考えてみよう。
・簡単にめげない。ちょっとめげても考え直す
・簡単に怯まない。ちょっと怯んでも考え直す
・簡単に諦めない。ちょっと諦めても考え直す
・簡単に暗くならない。ちょっと暗くなっても考え直す
「ちょっと考え直す」ことの大切さだ。「二枚腰」のすすめである。相撲でいえば、

土俵際まで追い込まれ敗色濃厚の局面をつま先でこらえにこらえて、態勢を立て直してみせるという気概だ。

仕事やプライベートで、「こうしてみたらどうですか?」などと仮説を立てて選択する行動は、つねに正しいとはかぎらない。また自分の仮説が正しい場合でも、それがまわりから受け入れられないこともある。修正を迫られたり、挫折を味わうことも少なくない。

だが、まだ勝負がついていないなら、そのときに落ち込んだり、くさったりしてはいけない。仕切り直しはできないが、五分の態勢に戻すことは可能だ。これが二枚腰である。

図太い人間は、これができる。

挫折、失敗を進んで語れるか

「成し遂げんとした志を、ただ一回の敗北によって捨ててはならぬ」

これはシェークスピアの言葉だが、実業の世界であれスポーツの世界であれ、大事を成し遂げた人物の多くが、表現こそ違うものの、こうした意味の言葉を残している。

物事で成功を収める人間は一度で成功するのではなく、一度の失敗でもめげずに、怯まずに、諦めずに、考え直してチャレンジするから成功を勝ち取るのだ。当然、いつまでも暗くなっているヒマなどない。折れそうで折れない心を持っている。積もる雪を跳ね返す、竹のような弾力性のある心なのだ。

大事を成し遂げた人物の自伝や評伝を読んでいて、私が面白いと思えるのは、決してその人物の成功の話ではなく、挫折や失敗をどう乗り越えたかというエピソードのほうだ。

そうした自伝や評伝の主人公たちは、成功話はさりげなく簡潔に、挫折話は具体的に詳細に語る。自分の挫折や失敗を恥じるのではなく、正面から見据えて他人に対してもあからさまに披露できる。図太い人間でもある。

まえがきでも触れたが、数年前に私は、病によって予想もしなかった生き方の転換を余儀なくされた一人のアスリートの言葉を知った。

「せっかく障がい者になれたのだから、障がい者として人の心に残ることを成し遂げたい」

その言葉の主は、車椅子陸上アスリートの伊藤智也さんである。

三〇代半ばに多発性硬化症を発症し、自立歩行が困難になった。車椅子を発注したところ、間違って陸上競技用の車椅子が届いたことから、彼のアスリート人生は始まる。以後、国内はもとより海外でも大活躍し、北京パラリンピックでは二つの金メダルを、ロンドンパラリンピックでは三つの銀メダルを獲得した。

私が軽々にそれを論ずることにはためらいも覚えるが、その生き方、その言葉には強い覚悟が感じられる。おそらく、絶望的な思いに駆られたこともあったに違いない。だが彼は、見事な二枚腰でそれを克服した。

「せっかく障がい者になれたのだから」と表現できる人に、誰もが畏敬の念を抱く。すごい言葉ではないか。究極の図太さが備わっているのだろう。

仕事では「腹を割る」のがいちばん

異を唱える姿勢を忘れない

「腹が立ったら、何かいったり、したりする前に十まで数えよ。それでも怒りが収まらなかったら百まで数えよ。それでもダメなら千まで数えよ」

建国の父ともいわれるアメリカ第三代大統領トーマス・ジェファーソンの言葉だ。

たしかに、いわんとすることには一理ある。一筋縄ではいかない政治家たちとのタフな交渉や、利害が複雑にからむビジネスの世界では、そんな我慢強さも必要だろう。

だが、それも時と場合によるのではないか。十数えて我慢するより、ストレートに怒りをぶつけてしまったほうがいいこともある。私自身、やや怒りっぽいほうかもしれないが、正直に不満をぶつけることがある。そのほうがいい場合もある。

弁解させてもらえば、私はいわゆる「腹でものを考える」のが好きではない。だから仕事や日常生活において納得できない対応をされたり、理不尽なことを求められたときは、曖昧な態度は取らないで、直接相手にぶつける。

たとえば、著書の出版に関して、担当者と同意したことが断りなく覆されたりすれば、担当者にその真意を質《ただ》す。どんなに親しかろうが、新人だろうが関係ない。「こんなことができなくて、編集者か！」と叱る。また、馴染みのレストランやショップでも、従業員の対応に問題があれば、「何だ、その物言いは」と異議を申し立てる。

私が直接、相手に異を唱えるのは、その人との関係を大切にしたいからだ。さして親しくもない人間、はじめて入ったレストランやショップでは、よほどのことがないかぎり私もぶつかったりはしない。二度と接点を持たなければいいだけの話だ。

だが、仕事で自分が大切にしたい人間、あるいは好きなレストランや気に入っているショップの人間には、いうべきことはいう。そうすることが、いい関係を長く続けるコツだと思っているからだ。

実際のところ、何であれ、異を唱える側にしてみれば決して愉快なことではないし、そのためのエネルギーも小さくはない。いわずにすめば、その時点では楽である。だが、自分のなかでの小さなわだかまりは、放っておくとろくなことがない。小さなうちに芽を摘むにかぎるのだ。

不満や怒りにフタをするな

人間の感情は知らず知らずのうちに、そのわだかまりを大きくしてしまうことがある。それどころか、一時の小さな怒りや不満が「格上げ」されて恨みにまで質を変えてしまうこともある。

私は別にクレーマーではない。無理難題をいっているつもりもないし、諍《いさか》いが好きなわけでもない。何事も、和気藹々《わきあいあい》のうちに事が進んだほうがいいに決まっている。だが、曖昧なままですませてはいけないこともあるのだ。「顔で笑って心で怒って」いては、精神衛生上もよろしくない。

ただし、大切なことがある。不満や怒りを吐き出して相手が私の意向を受け入れてくれたら、それでおしまい。そこで私のお腹は空っぽになる。この時点で「ノーサイド」。いつまでも根に持たない。

なかには、こちらのそんな胸の内を知らずに、こちらの異議申し立てに対して「あの人に怒られた」「あの人は苦手だ」などと、お門違いな反応をする人間もいる。すぐに感情の問題にするのである。こういうスタンスは、とくに仕事の場面では無用だ。

私自身にも経験がある。ずいぶん前のことになるが、イベントの企画を手伝った会社の役員に会ったときのことだ。仕事は一度だけだったが、その役員とは親しくなり、その後も、たまに会って情報交換をする関係になった。

「そういえば、○○さんはどうしているの？」

私が、そのイベントが成功したことを思い出し、懐かしさもあって現場の担当だった社員の近況を尋ねたときのこと。

「○○ですか。もう退社しました。そういえば彼は、よく『僕は嫌われています』なんていっていましたけど、そのせいでしょうかね」

記憶をたどってみると、たしかに彼と議論したことは覚えている。企画の方向性や進め方について異議を唱えたこともある。彼は受け入れてくれたものと思っていたのだが、嫌われたと感じていたのか。

だが、私は彼を嫌った覚えはない。それどころか、ちょっと骨のある人間だと評価していた。その役員の言葉を聞いて、私はとても残念に思った。きっとほかにも、私のようなケースがあったのだろう。

「私は嫌った覚えはないけれど、彼がそういっていたのなら仕方がないね」

その役員には、否定も弁解もせずにおいた。「ああ、それだけの男だったのだな」と、いくらか寂しい思いを抱いたものだ。

仕事とは厳粛なものである。成功させることが第一の目的で、それ以上でも以下でもない。私はいい仕事がしたいから「腹を割って」話したのだが、相手は「腹でものを考えていた」ということだ。こちらがよかれと思ったストレートな物言いが通用しない人間もいる。それはそれで仕方がない。

私自身、そんなことで傷ついていたり、悲しんでいるヒマはない。仕事は「腹を割って」相手とつきあうのがいちばんという考えも変わらない。そのほうが、腹には何もないから気持ちがいい。「腹にいちもつ、手ににもつ」はやめたほうがいい。

恐怖は現実と正面から向き合え

ある上司の武勇伝

私は、酒にだらしのない人間が嫌いである。「酒の席だから」と自分勝手な方便《ほうべん》で他人にからみ、せっかくの宴席を台無しにしてしまうこともあるからだ。

某会社にも、そんな男がいる。さすがに部外者である私が被害をこうむったことはないが、酒席が長くなるとそんな兆候を見せるそうだ。私ならそんな雰囲気になりかけると「お先に失礼」といって座を後にするのだが、残った人間は大変なことになるらしい。必ずではないのだが、頭の上がらない上司や尊敬する先輩などが不在の席では、「からみ酒」になってしまうことがあるという。

もう一人、そんな男がいる。素面《しらふ》のときは明るく楽しく、仕事の面でも有能なのだが、酒のつきあいだけは避けるようにしてきた。三〇歳過ぎの広告代理店の主任の職にある。しかも彼は、日本拳法の有段者である。

「そんな先輩なんですがね……」

と、彼の後輩がいい話を教えてくれた。

あるとき、何人かの後輩と連れ立って飲んだときのこと。大きな仕事を成功させた後の打ち上げで大いに盛り上がった。もう一軒ということで、店を探して通りを歩いていたとき、メンバーのうちの、ほぼ酩酊《めいてい》状態だった新入社員が通りすがりの人間と肩が触れた。

「何だ、この野郎！」

相手が声を荒げたので、新入社員を除くほかのメンバーは、一瞬にして酔いが覚めた。相手は明らかに一筋縄ではいかない生業《なりわい》のようである。三人の屈強な部下というか、手下だろう男たちも一緒だ。

「何だよう！」

あろうことか、状況がまったくわかっていない当の新入社員が、そう応じてしまった。そのときである。

「コラ！　お前、謝れ！」

乱闘寸前の輪に、いつもは酒グセの悪いその主任が割って入り、新入社員を怒鳴りつけた。だが、何といっても新入社員はベロベロ状態。事の深刻さは理解不能。すると、その主任は、相手の前ですかさず土下座したという。

「申し訳ありません。オレの部下です。責任はオレにあります」

だが、相手は収まらない。

「おう、上等じゃねえか。わかった。お前が落とし前つけてくれるんだな」

と、主任をどこかに連れ去ろうとした。

「お前たちは、そいつを連れて帰れ！」

残された部下たちは、屈強な男たちに両脇を抱えられた主任の後ろ姿を、ただ眺めるばかりだった。

暴力沙汰になったわけではない。だから警察に駆け込むこともできない。だが、どう考えても主任が無事で帰ってくるとは思えない。ベロベロの新入社員を除いて、メンバーたちは眠れぬ夜を過ごした。いかに日本拳法の有段者でも、相手が悪い。ヤクザ映画の凄惨《せいさん》なシーンを思い浮かべた者もいた。

「おはようさん」

翌朝、出社した主任を見て部下たちは喜んだが、同時に驚いた。彼はなんと無傷だったからである。それでも赤い目、腫れぼったい顔をしている主任のまわりに部下たちは駆け寄って、昨夜の顚末を尋ねた。

それによると、彼を拉致《らち》したメンバーは想像通り、その筋の人間だった。彼は近くの事務所に連れて行かれた。はじめは彼らも「どう落とし前つけるんだ」などとすごんでいたが、「煮て食うなり、焼いて食うなり」と開き直った主任の態度を見て、「こいつ、いい度胸しているぞ」などと面白がりはじめたというのである。

「お前、堅気《かたぎ》にしておくのはもったいないな。よし、飲みに行こう」

しかるべき地位と思しき男のツルの一声で、メンバー全員で再び夜の街に繰り出したという。

「バカ野郎！　オレがいくら使ったと思ってんだ。あれから、クラブ二軒にカラオケ、ラーメン屋、家についたのは朝の七時だぞ……。でもな、いい経験をしたよ。飲みたくたって、めったに飲める相手じゃないからな。ぶつかったのはこっちだし。それに、飲んでみると、そんなに悪い人じゃなくて面白かったし」

彼はそういって笑っていたというのである。

この話を聞いて、私は彼への先入観を改めた。こういう太い神経の持ち主は、いまどきなかなか見当たらない。それに、身の危険を顧みず、機転を利かして部下の窮地を救ったということも、上司として素晴らしいではないか。酒の飲み方を少し変えてくれたら、私も親しくさせてもらいたいとも思った。

責任の取り方を知らない人間もいる

ところが、こんな話と正反対の事件があった。

未明の県道で、ワゴン車が民家の塀に突っ込んだらしい。そのそばにはクルマから投げ出されたのか、一人の大学生の遺体が見つかった。警察の調べでは、ワゴン車には亡くなった男性を含め五人の大学生が乗っていた。彼らの供述によれば、彼らは居酒屋帰りで、運転していた人間はジュースを飲んでいたというが、微量のアルコールも検出された。飛び出してきた猫を避けようとして、民家の塀にぶつかったのだという。

そこまでは、仕方がない。しかし、亡くなった学生以外の男たちは、どうやらその場から立ち去ったらしいと報道されている。もし、それが真実だとしたら、彼らは人間としてまともな神経を持っていなかったのだろうか。

五人はおそらく友人同士だろう。投げ出されたか、クルマから飛び出した後に亡くなったのかはわからないが、一人が瀕死の状態なのである。少なくとも現場から逃げ去る体力と意識があったなら、まずは救急車を呼ぶのが普通の人間のやることだ。

生き残った人間は、別件で指名手配されていたわけでもない。起こした事故は事故として、警察に連絡する常識もないのか。犠牲者と大破したクルマを残して消え去るという行為が、私には理解できない。

たしかに普通の人間にとっては、受け入れがたい現実かもしれない。だが、その現実は逃げたところで「なかったこと」にはできないのである。目を閉じれば見なくてもいいホラー映画のシーンではない。映画は追いかけてはこないが、責任を背負わなければならない現実は、間違いなく追いかけてくる。こんな簡単なことがわかっていないのだ。

「アイツは、もしかしたら生きているかもしれない」と考える以前に、「どうやってここから逃げるか」に思いをめぐらす人間たちなのだろう。「怖いので逃げました」が当たり前の世の中は、考えても恐ろしい。

「怖いけど、受け入れなくてはならない」

そういう現実もあるのだ。失われた生命が戻ることはないが、それでも現実を直視して責任を取るのが真っ当な人間の生き方ではないか。

人間の恐怖とは、現実と正面から向き合ったときにもっとも小さくなる。そして、そこからしか解決や克服の方法は見えてこない。

最後に、人の命が失われた事件と冒頭で紹介した出来事を同列に論じるのは、亡くなった方には申し訳ないが、責任の取り方という観点から例とさせていただいた。ご了承願いたい。

耐え忍んでいるときの生き方

自分のありのままの価値を知る

「『この人は、きっとできる』と感じる人は、そうでない人とは全然違います。自分の現状をしっかり受け入れているのです。腰の据わり方が違う。図太いというか……」

ハローワークで就職斡旋《あっせん》の窓口業務を長く担当した人の言葉だ。職業柄なのか、拙著『男は死ぬまで働きなさい』(廣済堂出版)を読んで共感したといい、私の講演会に来てくださった。講演の後、私のほうからお茶にお誘いして話をうかがった。

「自分の学歴、キャリア、実績については雄弁なのですが、職が見つからないということに関しては、とにかく弁解ばかりの人が多いんです。聞いていて、ちょっとつらいですね」

これは、なかなか仕事に就けない人の共通項なのだそうである。

定年、リストラ、早期退職、仕事を失う理由はさまざまだ。だが彼にいわせると、なかなか就職先が決まらない人の多くは、職が「得られない」のではなく「得ようとしていない」のだと手厳しい。

「受験のことを思い出してみればいいんです。誰もが第一志望の学校に入れるわけじゃない。『そんなバカな』という結果は、職探しでも起こることなんです。仕事のない人間は『選ぶ側』ではなく『選ばれる側』でしかありません」

「雌伏《しふく》のとき」は誰にでもある。その間の生き方次第で、チャンスがめぐってくるかこないかが違ってくる。雌伏とは、雌鳥《めんどり》が雄鶏《おんどり》に屈服して従うという意味から、実力を養いながら活躍の機会を待つことをいう。

そのことを素直に受け入れた人間が、早くハローワークを卒業していくのだと彼はいう。職を探している本人にはつらい話だが、それが現実なのだろう。

己が考える自分の能力と、客観的な評価の差については「よくて七掛け」だと、私は日ごろから主張している。自分の能力をひそかに自負することは決して悪いことではないが、周囲はそこまで思っていないことを自覚すべきである。世の中とは、そういうものなのだ。「よくて七掛け」。残りの三割は実際にやってみせるしかない。その前提になるのが、まずはそれを披露できる場所、現実に用意される場所を受け入れる覚悟である。

高く飛ぶためには我慢も必要

世の中には「左遷」「転籍」「出向」のように、本人にとっては不本意な人事でも甘んじて受け入れ、その場所で能力を開花させた人物が数多くいる。

たとえば、二〇一二年ノーベル生理学・医学賞を受賞した山中伸弥《やまなかしんや》教授。多くのメディアで報道されたように、当初は整形外科の臨床医としてはもちろん、研究者としても優秀という評価を得たわけではなかった。

紆余曲折の後、本人にとっては最後の砦《とりで》ともいうべき奈良先端科学技術大学院大学の研究者の公募において採用された。そして、ようやくｉＰＳ細胞の研究者としての道が開けたのである。言葉は悪いが、そこが「やっと選ばれた場所」だったのだ。

　iPS細胞の研究は科学技術振興機構の支援を受け、五年間で三億円の研究費を得て、本格的な研究がスタートした。そのときのエピソードが興味深い。

　研究費支給審査の面接官だった岸本忠三《きしもとただみつ》大阪大学名誉教授は、こう述懐している。

「うまくいくはずがないと思ったが、彼の迫力に感心した」

　岸本教授は免疫学の世界的研究者で、大阪大学の学長も務めた人物。山中教授はその面接の席で、破れかぶれ気味にこういった。

「僕は薬理のことは何もわかりません。でも、研究したいんです！　通してください！」

　それは叫びそのものだったというのである。岸本教授ら面接官は、その気迫に圧倒されたわけだ。要は、採用する側は「よくて七掛け」という判断で採用したともいえる。だが、その後の山中教授の研究成果は誰もが知っている通り。山中教授は見事に残りの三割、いやそれ以上の世界的な成果を実現してみせた。

　彼のかつての整形外科医としての手腕については、臨床現場では「やまなか」をもじって「じゃまなか」と揶揄されたという。だが彼は、アメリカ・カリフォルニア大学の名門、グラッドストーン研究所に留学経験のある医師でもある。もし、山中教授が学歴、実績、キャリアを鼻にかけるような性格だったら、今日の栄光はなかったのではないか。「やっと選んでもらった場所」で、懸命に、必死に研究を重ねたからこその偉業なのである。

「高く飛ぶためには、思いっきり低くかがむ必要があるのです」

山中教授の言葉である。体現者ならではの言葉でもある。

では、彼のプロセスから何を学ぶべきか。

働ける場所があることを、まずは喜ぶことだ。自分への過信から抜け切れず、まわりの評価の低さにくさっているだけでは、「七掛け」の実力もあっという間に目減りする。図太い人間は、雌伏のときにも決して手を抜かない。

雌伏の反対語は「雄飛《ゆうひ》」である。山中教授は低くかがむことで、まさに雄飛を実現したのである。

意欲や誠意を見せるためのウソ

年齢制限の壁に挑んだある女性

つくづく思うのだが、本当に読者はありがたい。私自身、物書きを生業にしているが、日々はある意味では不安との戦いでもある。図太さでは負けないつもりだが、それでも自分の書いたものが本当に読者の役に立っているのか、どうすればもっといいものを書けるかと考えている。

そんなとき、何よりも力になるのが読者の方からのお礼や励ましの手紙、メールである。

つい最近も五〇代になろうかという女性からメールを頂戴した。拙書『一流の人の話し方』（アスコム）を読んで、いまの仕事に大いに役立ったというられしいお便りである。彼女からのメールは、もう何回になるだろうか。たしか最初のメールは、もう一〇年ほど前になる。

当時四〇代だった彼女は、グラフィックデザイナーとして働いていたが、事故で尾《び》骶骨《ていこつ》を損傷。その後遺症のために利き手である右手の指三本が自由に使えなくなった。その結果、デスクワークもむずかしく、デザインのためのパソコン操作もできなくなってしまったのだ。さらに不幸は続いた。

離婚である。慰謝料も要求しなかった。蓄えもわずか。そこで彼女は体の症状を考え、立ったままできる仕事を探しはじめた。そして、求職活動のむずかしさに直面したとき、はじめてのメールを私あてに送ってきたのである。

「求人企業に電話を入れ、途中までは好感触なのですが、年齢を問われる段階になると、相手は急にトーンが下がります。『ああ、そうですか。今回はご縁がなかったということで……』となってしまいます」

そんな内容だった。メールを打つのも一苦労だろうに、詳細に気持ちを綴る内容に、彼女の深刻な就職難ぶりがうかがえた。

監督官庁の指導で、昨今は求人側も露骨な年齢制限をすることはできなくなったが、一般的な求人側の本音としては年齢的に若い人間を採用したいのが常識だ。だが、ストレートに表現できないため、求人誌などには「二〇代、三〇代が大活躍中！」と広告を掲載する。「エイハラ」の問題である。

エイハラ、つまり「Aging Harassment」にかかわる規制なのか、WEBであれ求人紙（誌）であれ、その募集要項には年齢制限の記載がなく、どの企業も工夫をこらして曖昧な表現を用いている。

彼女もまた「年齢のことは、こちらの事情も察していただきたい」という採用担当者の言葉を何度も聞くはめになったというわけだ。

彼女が希望した職種はセールスプロモーターである。店舗やイベント会場などで各種商品の紹介や販売をする仕事だ。彼女自身、学生のころにナレーターやタレントのアルバイトをしていたこともあり、自分には向いていると応募した。だが、年齢制限の壁は思っていた以上に高かった。

「結果オーライ」のウソもある

そんなときに、私に送ってきたのが先に紹介したメールである。

「……あなたは希望の職種にたどり着いた。未知だけれど、何かそこにご自分の可能性を感じるのであれば、その仕事の面接会場に乗り込むにはどうすればいいかを考えて、チャレンジしてみてはいかがでしょうか」

私はそんな返信をした。正直なところ、具体的な妙案は浮かばなかった。かなり苦戦するものだと考えてもいた。

だが、しばらくして彼女から意外なメールが届いたのである。

「勇気をいただいて、チャレンジしてみました。おかげさまで希望の会社に就職が決まりました」

見事、セールスプロモーターの仕事に就いたというのである。成功に至ったプロセスも細かく書いてあった。ちょっと長くなるが、紹介したい。

彼女は意中の会社に電話を入れた。今度は用意周到だった。好きな女性タレントをイメージしながら声や話し方を研究し、その成果を生かしながらナレーターやタレントのアルバイト経験を強くアピールしたという。年齢についても「大胆なウソ」をついた。

「三五歳くらいまでとありましたが、私、三六歳なんです。よろしいですよね？」有無をいわせぬ迫力だったのだろう。間違っても、自信なさげに「よろしいでしょうか」とか「差し支えありませんか」などとはいわなかった。この大胆さが功を奏したのだ。

セールスプロモーターは接客業である。応募の日から面接までの一週間、彼女は「自分は三六歳」と自己暗示をかけた。さらに若く見えるメイク、人に好感を与える笑顔、滑舌《かつぜつ》のいいわかりやすい話し方……。さまざまな研究をして、できうるかぎり三六歳の自分をつくり上げた。そして面接会場へと乗り込んだ。

オーディション形式の面接が終了し、さて、問題は身分証明書の提示である。いったい、どうやって切り抜けたのか。

彼女は、開き直ったのである。

個人面談に入ると、運転免許証を見て怪訝《けげん》な顔をする担当者がいた。

「申し訳ございません！　私、ウソをついて本日の面接に参りました！」

彼女は深々と頭を下げた。

担当者は言葉を失った。だが、彼女と免許証をしばらく見比べた後、プッと吹き出して、こういった。

「わかりました。たしかにオーバーですけど、熱意は大変よく伝わりました。私どもとしては、それくらいやる気のある方に来ていただきたいです。驚いたのは、年をごまかして応募するなんて、ずうずうしいと思ったのではなくて、四三歳ってウソだろうって……。どう見たって三〇代前半だよ、ってびっくりしたんですよ」

これが一〇年前の経緯である。彼女は見事に新しい生活をスタートさせた。

ウソは褒められたものではないかもしれない。だが、このエピソードに則していえば、必ずしもそうとはいえない。

人材を募集する側は、会社にどれだけ貢献できるか、そんなスキルを持った人材を求めている。会社にとって問題なのは、実年齢よりも若々しさとバイタリティだ。一方、彼女はその素質を持ち、かつ仕事に対する意欲もある。「小さなウソ」があったことで、両者が利害の一致を見たのであれば、これに勝るウソはない。

実際、彼女はその後、セールスプロモーターの責任者になった。責任者といっても、現場によっては、着ぐるみでセールスプロモーションという奮闘を求められることもあるらしい。だが、見事に自立の道を歩んでいるようである。

政治家のウソや経歴詐称は、ただただずうずうしいとしかいえないが、彼女の清々しい図太さは見習っても損はない。

ありきたりだが「ウソも方便《ほうべん》」という真理は生きている。

諍《いさか》いを恐れない肝っ玉を持て

いい叱られ方、悪い叱られ方

「雨降って地固まる」

このことわざは、人間関係において、何らかの意見の対立や利害の衝突の後、誤解を解いたり、お互いに納得できる収拾策が見つかったりして、良好な関係が修復したときのたとえに使われる。

ある出版社で私の担当をしてくれる編集者にも、「地が固まった」関係の人間がいる。はじめて仕事をしたときは、雨どころか前代未聞の集中豪雨くらいの激しい諍いをした。いや、諍いというよりは私からの一方的な叱責といっていい。

彼とはじめて会ったのは、かれこれ一五年くらい前のことだ。細かなことは省略するが、原稿を書き終えた後のタイトルや装丁《そうてい》について、相互の打ち合わせが反映されないままに進行したことが原因だった。

もちろん、タイトルや装丁などの決定は編集者の領域であり、私は自分なりの考えやイメージを伝え、お互いに協議したうえで、最終的には編集部の方針に従う。しかし、そのときは、私の意向やその際の打ち合わせはまったく無視された。決定に至るまでの説明もなかった。

「これで印刷所に入れました」

彼の言葉に、堪忍袋の緒が切れた。タイトルや装丁が、ダメ出ししなければならないような仕上がりだからではない。私が気分を害したのは、そのプロセスなのである。編集者は私にとってビジネスパートナーであり、いい本を作るためお互いに補い合う関係だと思っている。私は著者に認められた権利を行使しているにすぎない。だが、そのときばかりは、あまりに礼を失した対応に私は激高した。大人気ないとは思ったものの、感情的になって罵詈雑言《ばりぞうごん》といっていいほどの言葉を浴びせた。

彼は進行の不手際、そして担当者として非礼を詫びたが、私の怒りは収まらなかった。彼はうなだれて席を辞した。

「これで彼は、私の担当をすることはないだろう」

おそらく彼は、上司に担当を外してほしいと願い出るに違いない。そう思った。私自身も、そのときばかりは「どうもウマが合わない」といくらか感情的になった。仕事の人間関係に「好き」「嫌い」を持ち込むべきでないことは、重々承知。私は、つねつねそう述べている。事実、自らをそう律しているが、それができないこともある。

だが、彼は図太かった。翌日も私の事務所を訪れたのである。

「すべて私の進め方が間違っていました。今回のご無礼については弁明のしようもありません。しかし、すでにカバーは刷り上がっています。お願いです。どうか、このまま進行させてください」

深々と頭を下げた後、私を正視しながら開口一番、そう詫びを入れてきた。

私は何度もいうように、すんでしまったことをとやかくいうことはしない。腹でものを考えることも潔しとしない。結局、この件は「ノーサイド」に決めた。なぜ、そんな気持ちになったのか。

あれだけの叱責を浴びながら、二四時間もしないうちに、当の相手のもとを訪れる「肝っ玉の据わり方」に感心したからである。その一件以来、彼は私にとって欠くことのできないビジネスパートナーとなった。

そのとき、私は自らの体験を思い出していた。

図太い男が戦うとき

その一件から、さらに遡《さかのぼ》ること一〇年あまり。私にも似たような経験があったのだ。私が出版プロデュースを中心に活動していたころのこと。大手出版社のムック企画を請け負った際に「事件」は起きた。

そのムックの巻頭企画のラインアップとして、さる大御所作家に三ページほどのエッセイを依頼した。事前にテーマ、切り口を協議して同意を得た。原稿の締め切りである一カ月後、私は作家の自宅に伺った。

多忙な日々を送る売れっ子作家である。大きな賞ももらっている。その作家から玄関先で原稿を手渡された。その場で私は原稿に目を通す。編集者にとって、ここが真剣勝負の場だ。依頼したテーマに沿っているか、確認すべき事実関係はないか、不明な点はないか、誤字脱字はないか。一読して、こちらから改稿をお願いしなければならないこともある。

きちんと読まずに持ち帰り、後で改稿をお願いするのは、基本的には作家に対して失礼になる。よほど気心の知れた関係ならいざ知らず、はじめて執筆を依頼する立場では、「ありがとうございました」と受け取ってしまったら、そのまま進行しなければならない。

ところが、原稿を読んで私は途方に暮れた。打ち合わせの内容、切り口が反映されていない原稿だったのである。このままの原稿では、出版社の担当者も納得しない。ここで書き直しをいい出せなければ、仕事を請け負った出版プロデューサー失格である。意を決して、私は自分の主張を述べた。

私の話を聞く大作家の顔がみるみる紅潮する。怒りが高まっているのがわかる。しかし、私としてもここで引くわけにはいかない。しっかりと大作家の目を見つめながら、いい分を伝えた。いま思い出しても、大それた態度である。

「このオレに、書き直せといっているのか」

「はい、お約束した内容といささか異なっております。申し訳ございませんが、お書き直しをお願いいたします」

怒り心頭の大作家ではあったが、こちらのいい分にも理があると感じたのか、こういい放った。

「わかった。明日、同じ時間に取りに来い！」

作家は踵《きびす》を返し、奥に消えた。

「間違ったことはいってないが、もう二度とあの出版社から仕事は来ない」

帰路、私はそう確信した。こちらのいい分は正しいが、何といってもその出版社にとって、件《くだん》の作家はドル箱である。その作家を、私はひどく怒らせてしまったのだ。

翌日、暗澹《あんたん》たる思いを胸に、重い足取りで作家宅に向かった。どんな叱責、どんな仕打ちも受け入れるしかない。だが、私の予想は見事に外れた。

前日と同様、玄関先で原稿を渡される。内心の動揺を隠して、私は再び原稿に目を通す。読んでいるうちに、前日とは似ても似つかぬ思いに駆られた。内容、筆致ともに、こちらが期待していたもの以上の出来栄えになっていたのである。

「先生、素晴らしいです。ありがとうございました。昨日のご無礼はどうかお許しください」

私は深々と頭を下げて、まさに心の底から、謝辞と謝罪の言葉を口にした。

「そうか、それはよかった。うれしいね。……それにしても、何だな、オレに書き直しをさせるとは、あんたもなかなかの肝っ玉だな。ハハハハハ」

私は、とてもうれしかった。

何でもかんでも対立を奨励するわけではないが、いい人間関係は、互いの真剣な諍いから生まれてくることもある。対立を恐れるあまり、通りいっぺんの無難なやり取りで、意志や主張を明確にしない関係は、仕事という場においては大きな成果を生むことはない。

仕事はもちろん、プライベートにおいても、是は是、非は非という原則を曖昧にするとうまくいかなくなる。人間関係の地盤を固めるためには、雨、ときには豪雨も恐れてはいけないのだ。

負けるときはあっさり負ける

言い訳の前にやるべきことがある

日本には「謝る」という文化がある。

だが、この言葉は、外国人相手の場合はめったに口にしないほうがいい。英語でいえば「I am sorry」である。

「Excuse me」は、まだいい。「すみません」という軽い気持ちの言葉で、混んだ電車での乗り降りのとき、またエレベーターの中で人を避けながら出て行くようなときなど、挨拶がわりによく使われる。日常会話としての「Thank you」と「Excuse me」くらいは常識だ。

だが「I am sorry」は、「私が間違っていました。ごめんなさい」と、完敗を認める言葉だから、交通トラブルなどでうっかり口にすると、裁判などでは負けになる。

しかし英語圏と違って日本での場合、自分が間違ったと思ったら、理由は何であれ、まずは「ごめんなさい」と頭を下げて謝るのがいちばんいい。

頼まれた仕事がトラブル続きで成果を上げられなかったとか、自分の責任ではなくても結果が失敗に終わったときなど、あれこれ理由を挙げて弁解するのはよくない。とにかく結果が失敗なら「ごめんなさい」なり「申し訳ありませんでした」が最初の言葉である。

そして、「実は、これこれ、こういうことがありまして……」と、うまくいかなかったことの理由を述べればいい。

日本人は、謝られると弱いのだ。先に謝られてしまうと、その先を強く追及できなくなる。ところが、逆に謝る言葉なしに、いきなりできなかった理由をくどくどいい出すと、怒りが先にくる。とくに若い人は、なかなかこれができない。

仕事ではさまざまな失態が起こるが、どんな場合も、単純な理由ではないことが少なくない。自分の落ち度ではないのに、たまたまそこに居合わせたばかりに、叱咤《しった》されたり、責任を取らされることもある。

そういうとき、「いや、違うんです。実はこういうわけで……」などと説明したくなるのは当然だ。

だが、相手が怒っているようなときは、その方法は得策ではない。怒りの火に油を注ぐだけだからだ。そんなときでも、とりあえず謝る。理不尽だと思っても謝る。「申し訳ありませんでした」と頭を下げ、そして、相手が少し冷静になってから「実は、あの件は……」と説明すればいい。

とにかく謝っておく。そのほうが男を上げる。自分が間違ったとき、器の大きい人間ほど、さっさと謝罪するものだ。

戦い方でその人の器がわかる

器が小さい者は、とかく謝るのをよしとしない。我を張る。これは自分に自信がないからで、謝るという行為で、自分がますます不利な立場に追い込まれると思ってしまうからだ。だが、謝罪は謝った人間を不利にしない。大きなメリットにもなる。

そして、謝ることと同様に、自分の負けを悟ったときは潔く負けるにかぎる。小さなところでは勝つかもしれないが、どう見ても大局的には「負け」と悟ったときは、負けるが勝ちである。

ここを何とかすれば、もしかすると逆襲できるかもしれないという部分があっても、天の利、地の利、時の運から見て負けが歴然としているときは、さっさと撤退する。そんなとき、下手に戦えば犠牲が増えるだけだ。

かつては織田信長《おだのぶなが》だって、負けるとわかった戦は、最後尾をあの秀吉《ひでよし》に任せてさっさと逃げ帰ったものだ。明らかに負けるとわかっている戦いはしなかったのである。

そして、退却のとき、しんがりに自分がいちばん信用している人間を配するのは、山登りなどのとき、山の経験が豊富な人を最後尾に置くのと同じような意味がある。軍を率いての退却の場合でも、いつ敵が後ろから攻めてくるかわからないからだ。

大将に、そう思わせる信頼の厚い人間がいれば、たとえ一時は退却しても、またふたたび盛り返せるほど強いチームである証拠でもある。

「いいケチ」と「悪いケチ」がある

邱《きゅう》永漢《えいかん》さんに学んだこと

ケチはケチでも、世の中には「いいケチ」と「悪いケチ」がいる。

二〇一二年に亡くなられた邱永漢さんは、間違いなくいいケチのほうだった。本人も「私はケチですよ」と公言してもいた。私の人生の師ともいえる方で、若いころから長年にわたって親しくさせていただいた。

「金儲けの神様」という異名を取り、実業家であるばかりか、作家、経済評論家、経営コンサルタントとしても活躍され、一時期マスコミからは引っ張りだこの存在だった。株式投資、不動産投資、事業開発はもちろん、まわりからは「?」と思われるような変わった事業も立ち上げたりしていた。日本ばかりか、中国、台湾などを舞台にさまざまな分野で成功を収め、大きな財を成した御仁である。

邱さんが、なぜにいいケチかといえば、私利私欲のための節約にはとんと無頓着だったからである。浪費に関しては厳しかったが、使うべきときはドーンと大金をつぎ込んだ。リーズナブルなお金の使い方はしたが、決して「セコく」はなかった。

私は何度となく、香港や台湾へ一緒に旅行したが、基本的には意外なほど質素な旅だった。食事なども高級料理店ばかりかと想像していたのだが、予想外れ。

「このお店はナマコが美味いんですよ」

「ここのフカヒレは香港で一番」

そんな言葉で連れて行かれるところには、異邦人の私にとっては、身の危険を感じそうな裏通りの、それも薄汚れて古びた料理店もあった。大丈夫なのかと内心危ぶみながら、箸をつける。ところが、食べてみると味は天下一品。

「有名店は高いだけで、この店の味に比べたら月とスッポン」

美味しさに驚く私の表情を眺めながら、満足気に柔和な笑みを浮かべていた。

邱さんにとっては、料金が高いか安いかではなく、リーズナブルかどうかが問題なのである。安かろう不味かろうという店には決して行かないし、高くてもそれ相応の味を提供してくれる店であれば足を運ぶ。

事業についていえば、自分の推理、予見が正しければ「この株は上がる」「この事業は成功する」ということのほうが、お金が儲かるかよりも優先された。結果として、儲かればそれでいいということのスタンスなのだ。だから、その儲けは一人占めにはしなかった。社員に還元することを忘れなかったし、会社そのものを譲ったりもした。財産や会社を子どもに残すという発想もなかった。

その証拠に、自分が有望と見込んだ事業への出資を知人たちに募ったものの、目論見《もくろみ》が外れたときには、全額、その出資金を出資者へ返済した。本来、出資とはリスクを伴うもの。出資者も承知のうえで、返す責任はないともいえるのだが、巨額の出資金を律儀に返したのである。

「いや、ちょっと読みが外れたね」

ケラケラと笑っていた。

お金の使いどころを知っているのだ。他人に迷惑をかけてまで自分のお金を守ろうなどとは、これっぽっちも考えない。浪費という「死に金」には厳しいが、まわりを幸せにする「生き金」には糸目はつけなかった。ひたすら自分のお金に執着するただのケチには、できない芸当である。だから、自分ではケチを自認していたが、まわりの多くの人間からは尊敬の眼差しを向けられていた。

「ケチ」といわれて怒るケチ

だが、悪いケチは違う。私が知っているある会社の社長は、まず社員に心を許さなかった。苦労の末に事業は成功を収めているのだが、社員はまわりが驚くほどの薄給である。

「社員を厚遇すると、つけ上がって会社に反旗を翻す。どうせ自分を信じないで辞めていくのだから、社員に払うくらいなら、税務署に払う」

そういって憚《はばか》らなかった。他人を信用しないから、交友関係も乏しく、まわりにいるのはイエスマンだけ。あり余るほどの富を得ながら、味覚の贅沢も一流店のサービスの快適さも知ることなく、病を得てこの世を去ってしまった。事業は成功を収めたものの、優れた後継者も育てられなかった。

こういう人生はちょっと悲しい。人間としてのレベルも低い。所詮悪いケチだったといわれても仕方がないだろう。

いいケチは「ケチ」といわれても本人は笑っている。自分への自信がそうさせるのだ。腹が据わっている。悪いケチは「ケチ」といわれると怒る。自分に自信がないからだ。かわいそうだが、いくらお金持ちでも所詮小物なのである。いまの世の中、ケチでも批判はされないだろうが、生き方は邱さんをお手本にしたいものだ。

第5章

図太い人間は、
モテ方を知っている

恋愛は「着替えがすぐできる」のがいい

「口がうまい」は立派な才能

　若さの秘訣に、異性とのつきあいは欠かせない。

　私の知人に、やたらとモテる男がいる。現在五三歳。二八歳で一度結婚したが、三年で離婚。以来、独身を通している。なぜ再婚しないのかと尋ねたことがある。答えは簡単。

「重い恋愛には疲れた」

　この男とは年に二、三回会って食事をするのだが、会うたびにつきあっている女性が違っている。彼が、私に彼女の話をしているときなど「どうも話がかみ合わないな」と思って確かめると、私が思っていた彼女とはまったくの別人ということが何度もあった。そのうちの何人かの女性とは私も一緒に食事をしたことがあるのだが、どの女性もかなりの美人で頭もいい。

「どうして、こんな美人とつきあえるのか」

そのたびに、私はそう感じる。なぜなら、彼は少しもハンサムではない。外見でいえば、テレビでよく見かける小太りのお笑い芸人といったタイプだ。サラリーマンだが、一流会社に勤めるエリートではないし、財産を持っているわけでもない。

ただ一つ、彼に魅力があるとすれば、とにかく口がうまいということだ。といってお世辞タラタラなのではない。

女性が接客してくれるクラブなどでも、席に着いたホステスをアッという間に和ませる術《すべ》を心得ている。また、はじめて入った喫茶店のウェイトレス、ショップの女性店員でもすぐにフランクな会話に引き込んでしまう。ゴルフ場に行けば、キャディの女性ともすばやく打ち解ける。

その女性たちが美人であるかないか、若いか年配かはまったく関係ない。どんな女性の心も、いとも簡単に開かせてしまうのである。よく観察していると、それにはコツがあるようだ。

・とにかく笑わせる

・歯の浮くようなことを、さりげなく口にする

・女性の微妙な変化を見逃さない

「……あなた、キレイだね。北川景子《きたがわけいこ》って、最近テレビで見ないと思ったら、ここにいたんだな」「あなたはね、絶対女性に嫌われるよ。キレイすぎて……」「ここのキャディさんは、どこの芸能プロに所属してるの？」

私が覚えているだけでも、女性の歓心を買った彼の口説き文句は数多い。それも絶妙のタイミングだから、はじめは女性たちもあきれた様子を見せながらも、まんざらでもないといった表情になる。褒められて怒る女性はいないからだ。

彼は、これで相手との距離をグッと縮めるわけだ。

「とにかく、僕は女性が好きなんですよ。顔も年も関係なし」

そういうのだが、だからといって、そういう男がすべてモテるとはかぎらない。その秘訣について彼はいう。

「とにかく、女性との関係は高級カシミヤみたいなのがいちばん。何といっても軽くて薄いのが最高です」

笑わせて他人との距離を縮めよ

彼にいわせると、モテない男というのは女性へのアプローチ、つきあい方が「重くて、厚い」というのだ。彼自身、生きるの死ぬのという恋愛には興味がないという。「いいカシミヤは身につけていることさえ忘れるくらいに軽くて、あったかいでしょう。女性だって、誰でも結婚とか真剣な恋愛を求めているわけではない。本当のところ、いつでもすぐに『着替えができる恋愛』を求めている女性も多いんですよ。僕は、それ専門なんです」

なかなか説得力がある。恋愛を高級カシミヤのセーターにたとえ、体や心に負担を強いる重いジャケットのような恋愛はしたくないというわけだ。

しかし、世間一般から見れば、彼には不釣り合いと思われる美人女性の心をどうやって惹きつけるのか。

「僕は、これはという女性には、平気で土下座します。『一回だけでいいからお願いします』ということもある。好きになってくれとか、愛しているなんていったことはありません。役にも立たないプライドなんか持ち合わせていませんし、失敗してもあんまりダメージもない。そういうスタンスだと、不思議と成功率は高くなる。これが僕のスタイルです。愛は後からついてくるかもしれないし、ついてこないかもしれない。でも、それでいいんです」

新聞記者をしていたころ、ある大女優がこんなことをいっていた。

「男は顔でもない、お金でもない、性格でもない。男は口よ！」

恋愛にもいろいろあって、重い恋愛が上等で、軽い恋愛が劣っているわけではない。恋の始まりもいろいろだろうが、それが重い恋愛であれ、軽い恋愛であれ、間違いなく「笑いをとる」「軽いセリフ」という入り口は、成功の近道に通じているようである。

俳優でもお高くとまっている二枚目より、いつも人懐っこいアプローチで話しかける三枚目やコメディアンのほうが現実にはモテている。

図太いモテ男は、この入り口のアプローチが実にうまい。

金払いは死ぬまで「かっこつける」

人生には必要最低経費がある

私は「割り勘」が嫌いだ。「ダッチ・アカウント」ともいうから、オランダ人は割り勘好きなのか。

食道楽を自認する人間としては、親しい間柄はもちろん、新しい人との出会いの会食などの代金も、私が払うことにしている。

男性でも女性でも、若い人と話すことが大好きだから、おおむねテーブルを囲むメンバーでは自分が最年長になる。そうなれば、私が全額払う。特別のご招待という席では遠慮なく厚意に甘えるが、世話になっている出版社の人たちやスタッフとの会食も同様だ。

「かっこつけてんじゃないの？」

口の悪い旧友が、そんな言葉で冷やかした。自分が払おうとしたタイミングを私に越されたからである。実は旧友もまた、かっこつけたかったわけだ。「かっこつける」という表現や、旧友の言い方は気に入らないが、ある意味ではその通りである。

「よくわかったね。その通り。かっこつけなくなったら、人間おしまいだよ」

そのときは、そういい返した。だが、実際に私はそう思っている。旧友は「一本とられた」という顔をしていた。

だからといってかっこをつけて、銀座のクラブに連れて行くのではない。高級クラブへは行かないが、友人との食事代くらいは何とかなる。決してうなるほどのお金を持っているわけではないが、お金は使ってこそ生きるものと決めているから、そういう使い方をする。そういう使い方をしたいから、死ぬまで働くことに決めている。

それに私にとっては、たくさんの人と会って、楽しく会話して、楽しく美味しく食べる時間が何よりの人生の必需品。いわば「人生の必要最低経費」である。

会って、話して、楽しめば、物書きとしての脳も刺激される。だが、それはあくまで結果である。飯のタネを探す目的でお金を使っているわけではないが、「情けは人のためならず」ならぬ「出費は人のためならず」で自分に還ってくると思っている。

そんなわけで食事のときも「割り勘」が好きではない。分不相応な散財は慎むが、身の丈に合った出費は惜しまない。「生き金」という考え方だ。「浪費」ではなく「良費」である。

勝新太郎《かつしんたろう》さんと山城新伍《やましろしんご》さんの流儀

かつて新聞記者として芸能界に出入りしていたころ、かっこいい金離れのよさを身につけていたスターたちがいた。逆に貯めるだけ、奢《おご》られるだけのスターもいた。

トップクラスの主役は仕事が終わって打ち上げのとき、何人かを引き連れて飲みに出かける。支払いはもちろん花形スターだ。したがって、ギャラが高くても彼らにはお金が残らない。むしろ、三枚目、四枚目あたりの脇役のほうがしっかり貯めていたものだ。

私の経験したなかで、かっこいい金離れを見せていた代表格は、何といっても勝新太郎さんである。俳優仲間やスタッフ、芸能記者などを誘って銀座や赤坂で楽しんでいた。もちろん、支払いはすべて勝さん。奥様の中村玉緒《なかむらたまお》さんは、陰で苦労していたと思う。

私が新聞記者を辞めてしばらくしたころから、映画『影武者』での黒澤明《くろさわあきら》監督との衝突や、麻薬事件などで芸能マスコミを賑わせはじめた。晩年は仕事もうまくいかず、お金の苦労も半端ではなかったらしい。『座頭市』のころが、あのカツシンのピークだったのだろう。

芸能記者が教えてくれた、勝さんの晩年のエピソードを一つ紹介しよう。

生前、俳優の山城新伍さんが熱海にあるフレンチレストランを知人と訪れた。すると勝さんが先客としているのが目に入った。山城さんは「マズイな」と思った。何も勝さんと顔を合わせるのがイヤだったわけではない。

山城さんは、勝さんが間違いなく自分たちの勘定も払おうとすると思った。どんなときでも、知人と一緒なら必ず自分が払うのが勝流だったからだ。どうすれば、勝さんの気分を害さずに自分たちの支払いができるかと考え、瞬間、どうしようかと思ったのだ。

そのころは、勝さんが経済的にかなり窮していることを山城さんは知っていたからである。かといって、自分が勝さんの分まで払えば、プライドを傷つけることになるから勝さんは怒る。

山城さんは勝さんに挨拶をした後、自分たちのテーブルに戻り食事をした。しばらくして食事を終えた山城さんは、先に失礼することを告げ、会計のためにレジに向かった。すると、勝さんが近づいてくる。何事かと怪訝な表情の山城さんに、彼はこういった。

「新伍、気を使わせて悪いな」

山城さんは、自分たちの食事代を払っただけである。謝られるようなことは何もしていない。だが、勝さんの思いはまったく違ったところにあったのだろう。

「先輩のオレが払うのが当然なのに、困っているオレを思って、新伍は自分で代金を払った。申し訳ない。オレはかっこ悪い」

おそらく、そう考えたのである。

一般人には思いもつかない発想かもしれない。芸能界ならでは、そして勝さんならではの考え方だろう。

しかし、あまりに極端ではあるが、古きよき時代の芸能界で仕事をしていた身として、私はある意味で、勝さんの行動を「かっこいい」と思うのだ。死ぬまで「華」を持っていた勝さんの面目躍如とでもいうべきか。

何度もいうように、私は身の丈を超えた散財をするつもりはないが、かっこいい金離れだけは忘れたくない。図太く「かっこつける」生き方をしたい。金離れもそうありたい。そのためにも死ぬまで働く。もちろん、仕事のほうもかっこつけていきたいのだ。

集中している人間の姿は美しい

メリハリをつける働き方

「ふだんはボーッとしているのに、たまに一心不乱で仕事をしている○○さんを見ると、グッとくることがありますね」

ある出版社の女性担当編集者が、ちょっと意外なことをいった。

その○○さんとは、私と二〇年以上もつきあいのある編集長だ。たしかに仕事はデキるが、失礼だが外見的にはお世辞にもかっこいいとはいえない。年齢も五五歳くらいのはず。結婚生活も円満で、浮いた噂も聞いたことがない。そんな彼に、二〇代半ばの独身女性が「グッとくる」とは驚いた。

実際にグッとくることはないが、私自身、目つきも変わって思いがけなく真剣な表情で仕事をしている人間の姿を見ると、ちょっとした感動を覚えることがある。

「何かに集中している人間の姿は美しい」ということだ。

ピリピリでもイライラでもなく、邪心のない集中力は人の顔を魅力的にする。女性編集者が、一心不乱に仕事をしている編集長に感じたのもその魅力だろう。彼にはかわいそうだが、一呼吸おいて彼女の口から「心ならずも」という言葉が追加されはしたのだが……。

私の経験からいうと、ふだんは豪放磊落《ごうほうらいらく》に見えて、ここぞというときに、それこそグッとくるような集中力を発揮する人間は、概して仕事においても大きな成果を残すようだ。

人間が一つのことに真に集中できる時間は、最大で一五分であるという説を耳にしたことがある。たしかに、そうかもしれない。

ただ私が感じるのは、本当に仕事のデキる人間は同じ集中力でも、その集中の「凝縮度」が濃いということ。決してダラダラしていない。オンとオフのメリハリも効いている。

一度、そういう観点からあなたの周囲の人間を観察してみるといい。「忙しい、忙しい」が口グセで、いつもオン状態のように振る舞ってはいるが、それほど大した仕事をしていない人間もいるはずだ。大騒ぎしているわりには、成果も小さい。集中力が散漫なのである。

一方、ふだんはノホホンとした印象が強いものの、ときに抜群の集中力で仕事を短時間のうちにこなしてしまう人間もいる。ほとんど忙しがる素振りも見せない。だが気がつくと、意外なほど大きな成果を上げていたりする。

こういう人間の特徴は、いまやらなければならない最優先の仕事を前にすると、その仕事と関係のない事柄が瞬間的に頭から消えてしまう。オフィスに超美人の来訪者があろうが、その女性から声をかけられようが気がつかない。

「あのー、課長、〇〇社の××さんからお電話ですが」

「えっ、えっ、何だって?」

といった具合である。

「時間と労力と資源を集中するほど、実際にやれる仕事の数と種類が多くなる。これこそ、困難な仕事をいくつも行う人の秘訣である。一時に一つの仕事をする。その結果、他の人よりも少ない時間しか必要としない。成果を上げられない人のほうが多く働いている」

ピーター・F・ドラッカーは、著書『経営者の条件』（ダイヤモンド社）の中でそう述べている。この集中力こそ、何事においても成果を上げる原動力だということだ。

上質な集中力とは

その集中力の凝縮度は、逆にいえば「余計なことに鈍感になる能力」でもある。つまり、図太さなのである。

ジャック・ニクラウスをご存じだろう。いまでこそ第一線を退いたが、「史上最強のゴルファー」の異名を取ったプロゴルファーである。メジャー大会一八勝の戦績は、歴代トップ。そのニクラウスの恐るべき集中力を物語るエピソードがある。

ある試合の終盤でのこと。このパットを決めれば彼の優勝が決まるという大事な場面。大勢のギャラリーが固唾《かたず》を呑んで見守るなか、彼がボールを打とうとした。その瞬間、大きな音が聞こえてきた。コースのそばには鉄道が敷かれていたのだが、列車が近づいてきたのである。

「ああ、ジャックはパットを外す」

誰もがそう思った。しかし、ニクラウスはこのパットを見事に決めた。そして優勝。

「列車の音は気にならなかったのか」

表彰式後のインタビューでそう尋ねられたニクラウスは、キョトンとした表情で答えた。

「えっ、どこを列車が走っていたんだい？」

大事を成し遂げる人間は、超人的な集中力と図太さを持っているのである。

相手の過去を詮索してはいけない

アメリカに学ぶ男女関係のルール

テレビは地上波よりBSとかCSテレビに面白いものがある。アメリカのテレビドラマや古今東西の古い映画が楽しめたりする。

少し前のものだが、一九六〇年代のニューヨークの広告代理店を舞台にした『マッドメン』は私の好きなドラマだった。『ラリーのミッドドライフ★クライシス』『グッド・ワイフ』も面白かった。アメリカのテレビドラマは、シナリオもセットも素晴らしい。

アメリカのドラマを見ていると「日本と違うな」と痛感する。男女の恋愛がともかく奔放なのだ。言葉は悪いが「くっついたり、離れたり」が目まぐるしい。ドラマとはいえ、アメリカ社会の現実を反映しているのだろう。

とりわけ、アメリカの恋愛事情で感心するのは、男も女も相手の過去にあまりこだわらないということだろう。おおらかなのだ。いま愛している、これから愛し合うのだから、それでいいではないか、というスタンスだ。日本のドラマのように、元カノ、元カレとグチャグチャすることもない。

男女の関係はむずかしい。燃えるような恋をしていた二人が、些細なことをきっかけに顔を見るのもイヤだという間柄になったりする。相性としかいいようのないものが男女の間には横たわっている。

私は日ごろから、若い人たちにできるだけ恋をしなさい、多くの異性とつきあいなさいとアドバイスしている。そして、結婚前には同棲という「練習試合」をしたうえで結婚すべきともすすめている。それが無理なら、国内、海外を問わず、何日か一緒に旅行するのもいいといってきた。日常生活をともにしなければ、本当の相性はわからないと思うからだ。

アメリカのドラマに描かれるような「とっかえひっかえ」の恋愛も問題がなくはないが、あまり異性とつきあいのない人間が、たった一度の出会いや一方的な思い込みでのぼせあがり、人生を決めてしまうのも褒められたものではない。かぎられた幸せ者を除いて、長い目で見れば、自分も相手もいい関係を続けることはできないだろう。

相手がどんな人生を歩んできたのか、どんな考えの持ち主なのか、お互いの過去を尊重し合って、二人の人生の「擦り合わせ」をすべきではないか。自分の価値観を押しつけるだけでは、うまくいくわけがない。唯我独尊《ゆいがどくそん》は男女の関係にも禁物なのだ。

過去は変えられない

数年前のことだ。私の知人が四〇代半ばではじめて恋をした。風俗で遊んではいただろうが、普通の女性とはつきあったことのない男である。ともあれ、やや遅いとはいえ、彼が初春を迎えようとしている。私は祝福するつもりで二人を食事に誘った。

その女性は三八歳。美人で知性的、そして明るい。さらに奥ゆかしさも備えており、初対面の私への気働きも感じられた。知人には悪いが、彼にはもったいないほどの女性である。知人として、何とか彼がこの恋を成就してくれることを祈った。

ところが、である。後日、彼から相談を持ちかけられた。

「彼女とは別れようと思っています。僕には合わないような気がするんです」

男女の関係は第三者にはわからない。彼がそう決めたのなら、私がとやかくいうことではない。だが、別れる理由を聞いてみた。

「これまで、何人もの男性とつきあっていたようなんです」

それがどうした。私は、彼が何をいわんとしているのかわからなかった。四〇歳にもなろうかという女性に、恋愛経験はあって当然。ましてや、とても魅力的な女性である。過去に男女関係のないほうがおかしい。

だが、よくよくいい分を聞いてみると、彼はその彼女の過去に強くこだわっているようなのだ。彼女は彼に好意を抱いている。だが、どうしても彼は踏み切れない。想像するに、彼女の年齢相応の恋愛体験、セックス体験を許容できないようなのだ。

そんな彼の様子を見て、私はいった。

「彼女とは別れたほうがいい」

私の言葉を聞いて、彼の緊張した表情が緩んだ。自分の思いが私に伝わったと思ったのだろう。

「やっぱり。そうですよね。だって……」

彼の言葉をさえぎって、私はきっぱりといった。

「理由は簡単だよ。彼女がかわいそうだから」

私は、彼の眼を覚まさせたかった。彼は驚いた。

「本当に人を好きになったら、過去の恋愛のことなんか四の五のいうのはおかしい。相手が結婚詐欺でもしたっていうのかい。ステキな大人の女性なんだから、恋の一つや二つあって、当たり前だろう。人を好きになるということは、その人の過去も認めるということだよ」

私はそういい切った。その後、結局、二人は別れてしまった。彼は、いまもつきあっている女性はいないようだ。気の毒だが、仕方がない。

「過去にこだわる者は未来を失う」

そんな格言がある。異性を好きになると、人によっては自分に出会う前の相手の過去まで欲しくなることがあるのだろう。だが、それは叶わぬこと。男女とも、相手の過去をあれこれ詮索しないのが礼儀と心得るべきだ。

女が男に色気を感じるとき

「きれいな男」がモテるわけではない

男にとって、女性からの最高の褒め言葉は「色っぽい」「色気がある」だろう。世の男性なら「かっこいい」「ハンサム」といわれるよりも、数段うれしいはずだ。少なくとも、私は女性からそういわれればうれしい。

だが、「男の色気」とは何だろうか。その定義はむずかしい。女性によって、男のどこに色気を感じるかは千差万別だ。

私は、こう考える。ひと言でいえば、女性に何かしらセックスを連想させる状況ではないか。といって、それは、その人とセックスしたいと思わせるということでは決してない。

「この人が恋人だったら……どうなるんだろう」「どんなキスをするんだろう」「どんな抱き方をしてくれるんだろう」「どんな人が恋人（妻）なのだろう」などなど、直接的、間接的に自分の性的興奮を刺激する男性に、女性は「色気がある」という言葉を進呈するのではないだろうか。

いい換えれば、女性が「自分の好きな雄の香り」を感じ取ったとき、「色気がある」と思うのかもしれない。

女が男に色気を感じる瞬間は、さまざまだ。ある女性は「はじめて一緒に食事をした年上男性の、ナイフとフォークを使うときの指に、ゾクッとした色気を感じた」と告白している。指は、ポイントが高いようだ。

雑誌などでは、「厚い胸板、引き締まった腹筋、少し日に焼けた肌……」などが、男の色気のポイントとして挙げられているが、そればかりともいえない。たしかに、肉体の造形的魅力やイケメンの風貌も大きな要素だ。だが、アスリートやボディビルダー、そしてハンサムな男性だけが色気を持っているわけではない。

「きれいな男なんて、一カ月で飽きるわね」

新聞社の芸能班で記者をしていたころ、ある有名美人女優がいったひと言が忘れられない。美人、ハンサムが集まる芸能界では、造形的な美しさは珍しいものではない。男女とも美形の人間と接することは日常である。

人は「日常」に心ときめかせることはない。人が心をときめかせるのは、「非日常」である。自分とは違う世界にいる男、自分にはない剽軽《ひょうきん》さ、あるいは悲哀感とか挫折感、そして知性、人の心をつかむ言葉などである。女優も同様だろう。

「ほとんどの二枚目スターは恋の挫折を知らないし、一人の女性を真剣に愛する習慣がないのよ。ちょっと声をかければ、なびいてくる女性がいっぱいいる。努力しなくてもセックスの関係はすぐつくれる。そんな生活をしていたら、本当の色気なんて滲《にじ》み出るわけがない。彼らの色気はスクリーン上だけのこと。まあ、女優も似たようなものだけど……」

大切なのは女性を愛《め》でる心

そういっていた女優が「色気のある男」として挙げたのは、つねにコミカルな脇役を演じている一人の男優の名前だった。

「私の知らない世界のこともよく知っているし、話も面白い。女性関係でもいろいろと苦労しているから、ふとした表情に悲哀感が滲み出る。それがまた、母性本能をくすぐる。演技派だから、意識してやっているのかもしれないけれど、女が喜ぶ言葉を知っている。そして女が怒る言葉も知っている。女の『ツボ』がわかってるのよね」

もう四〇年以上も前のことだが、その女優の言葉が忘れられないのだ。

つまり、男の色気とは「女心のツボ」に触れるようなものだ。そのための、ふだんの心得として挙げられるのは、

・女性を愛でる
・恋を求める
・真剣に恋をする
・失恋をする
・女性から愛される

男の色気の有無は、その男性が、こういう生き方をしてきたかどうかにかかってい

るのではないか。

とりわけ、女性を愛でる心を持たない男には本当の色気は宿らない。また失恋の悲哀を知らない男にも、色気は宿らない。私はそう思う。「嫌われたらどうしよう」「傷つくのはイヤだ」と女性に対して「遠巻き」に接する人間に、女性が色気を感じることはない。

女性の素晴らしさ、女性と別れることの悲哀をどれだけ深く経験したことがあるか、その経験から男は多くを学ぶ。そこで培った女性への理解力が、女性を惹きつける所作、表情、会話術を身につけさせる。それが色気と呼ばれる雰囲気の正体なのではないか。

妄想じみたことを考えるばかりで、女性との距離を縮めない男には、色気は無縁だ。勇気のない男たちから「女好き」と誹《そし》りを受けようが、自分の欲求に正直に従う男に色気は宿る。頭ではなく、経験のなかで生まれるものだ。

色気にも、ある程度の図太さは欠かせない。

人生が10倍面白くなる
図太く生きる勇気

著　者　川北義則
発行者　真船壮介
発行所　KK ロングセラーズ
東京都新宿区高田馬場4-4-18　〒169-0075
電話（03）5937-6803（代）　振替 00120-7-145737
http//www.kklong.co.jp

印刷・製本　中央精版印刷（株）
落丁・乱丁はお取り替えいたします。※定価と発行日はカバーに表示してあります。
ISBN978-4-8454-5193-7 Printed In Japan 2024

本書は2018年３月に海竜社より刊行された『もっとずぶとく生きてみないか』を改題改訂したものです。